跨山越海

青年壯遊故事集

須文蔚——主編

推薦序

跨越以後，山海洄游

臺師大於二〇一三年首度在人文季系列活動首度舉辦「跨山越海」畢業生成年禮活動，原來的意旨是期待校內的莘莘學子們，得以透過旅程體驗冒險並自我挑戰，同時在島嶼臺灣豐富多元的自然地形與風土景觀中，生養更為深刻的人文視野與關懷。然而在二〇一九年底COVID-19疫情席捲全球後，舉辦大型活動變得十分艱難，這項成年禮活動也改為旅遊補助。或許是受到疫情影響，徬徨不安的同學們，對於申請補助顯得意願缺缺。

文學院籌辦人文季的系所主管們討論後，認為有必要重新審視這個本應是畢業生成年禮的重要儀式。須文蔚教授認為，隨著Z世代（出生於一九九七年至二〇〇九年間）和α世代（出生於二〇一〇年以後）逐步進入校園，我們應該反向思考，著眼新世代對於價值創造與社會實踐的能量，為這群受過專業人文養成訓練的同學，提供一條新的路徑。

我們於是在二〇二一年推動「跨山越海・感動出行」的新企劃，活動中，保留以人文知識為核心，在壯遊旅程中協助地方文化紀錄的「壯遊出行組」；並增設「社參拓印組」，邀請文學院學生自組團隊，結合自身所學及專長進行社會服務工作，並在其中探索自我、養成多元能力。我們希望同學們離開繁華的首都臺北及校園，親身走入偏鄉，透過壯遊和社會參與，重新看見在城鄉區域發展後所產生的鴻溝並未因數位時代的到來而逐漸弭平，相反的，高齡化、數位落差、醫療資源缺乏等議題，仍待更多的人投入。

在這樣的召喚裡，「跨山越海・感動出行」的企劃獲得了同學們的熱烈迴響，徵件過程總計收到「壯遊出行組」提案二十七件、「社參拓印組」提案七件，一度令評審相當苦惱如何抉擇。所幸最後入選的提案，也不負所望完成各自規劃的服務工作，同時更以自身深刻的體驗，為我們帶回島嶼上正在發生的精彩故事。須文蔚師在一一一年一學期開設的「編輯與採訪」課程中，帶領學生採訪歷年推動跨山越海活動的師長。

這些精采的故事將隨著《跨山越海——青年壯遊故事集》一書的出版，書中收錄「壯遊出行組」、「社參拓印組」的服務紀實及活動反饋等二十五篇故事，而在「山海洄游」的章節裡，則記錄長期駐點偏鄉社區的十四位工作者群像，由本院全球華文寫作中心承辦「宜蘭縣、花蓮縣數位機會中心輔導計畫」長年深耕宜蘭、花蓮兩地的偏鄉地區，透過推動數位平權工作的推動，持續與社區對話，思考如何行動才能翻轉城鄉。內容相當精采，值得細細感受與回味。被視為「垮掉的一代」重要象徵的文學作品《在路上》裡如此描述：「你的道路在哪裡，老兄？——聖童之路，瘋子之路，彩虹之路，孔雀魚之路，任何人以任何方式都能踏上任何路。任何路，任何人，任何方式。」期待這一雙雙踏在土地上的年輕足履們，往後能繼續發揮所學，以自己的觀點與路徑，持續為島嶼發出振聵的足音。

跨山越海的執行達十年，這本書的出版正好記錄這個活動的初衷及轉型後的執行理念，也帶領文學院進入下一個里程碑，很令人欣慰。

國立臺灣師範大學　文學院院長

陳秋蘭

導言

跨山越海少年遊：教學×壯遊×報導

把社區獻給熱血的大學生

二〇二〇年的春天，在我主持的「偏鄉青年的機會與困境座談會」上，幾個問題反覆拋出：城鄉發展不均是花蓮的困境，如何讓人口回流？如何實踐地方創生政策？成為當前迫切的任務。在花蓮求學與工作超過十年的吳貞育，為台下即將大學畢業的同學傳授秘訣，在偏鄉要能斜槓，多些技能，擴增人脈，對抗親友無法即刻支持的困境，才能安頓下來。

時任宜蘭縣、花蓮縣數位機會中心（以下簡稱宜花ＤＯＣ）執行秘書吳貞育指出，在大公司工作的經驗，使她覺得自己只需要展現一種專長，她說：「來到花蓮，一個人能一條龍規劃工作，自主性高。」她也因此培養出多種技能，因應社區的需要。

同樣具有斜槓經驗的還有陳恒鳴，他分享了多種能力養成的過程。原本擅長資訊工程，因為回母校服務，開始掌握教學、照相、拍片與經營社群網站的技術。他也結合了更多朋友一起創立「花蓮縣在地方文創協會」，廣結善緣，深耕地方。

目前擔任協會理事長的陳恒鳴強調，一個人往往覺得無力改變地方，但有更多夥伴一起，加上成立組織，就可走得更遠，也覺得更具有影響力。

宜花DOC專案經理陳日瑒也表示，他是台中人，從大學時參加許多活動，採訪過不少在地的年輕人，也結交了許多好朋友，原本充滿隔閡感的狀況，在友人與同事的陪伴下，漸漸消失，增強了更多地方認同感。

宜花DOC專案經理忻筱婷則提到，她嚮往花蓮素樸的生活環境，但在鄉村居住確實要面對和不同族群與文化鄰居相處的難題，加上缺乏家人就近的幫忙，在照顧家庭與育兒上，確實不容易。吳貞育說，她在懷第二胎時，一個人獨居，在面對產檢和就診時，常感到徬徨無助。但她說：「想到能追求工作完整性的成就感，很多困難要自己克服。」她也很樂意協助身邊的同事與駐點人員，能多發展專長，多結合不同計畫，讓收入增加，提高在偏鄉工作的意願。

這場「偏鄉青年的機會與困境座談會」在我的「報導文學寫作」課上舉辦，同學所接觸的都是第一線社區工作者，這個真實的採訪任務是個開端，我想把服務超過十五年的社區故事展現在學生面前，同學走向田野，認識山風海雨中的挑戰與困阨。在記者會結束後，利用四個月的時間，每位年輕的報導者要選擇一位DOC的駐點人員，長時間觀察與互動，寫出人物特寫，構成了本書「山海溯游」的基本框架，兩年間的人事變遷，感謝楊周君美的採訪，豐富與完善了社區故事。

讓天龍國學生跨山越海

二〇二〇年是天翻地覆的一年，新冠肺炎從一月開始蔓延，口罩、隔離、管制讓田野工作越來越困難。為了照顧年邁的父母，我離開任教二十年的東華大學，來到天龍國大安區的臺灣師範大學任教，也承文學院陳秋蘭院長的看重，在二〇二一年秋天接任副院長，開始接觸與籌辦「跨山越海」活動。

臺師大文學院從二〇一三年開始，提出「跨山越海」創意希望結合「畢業旅行」與「成年禮」，邀請應屆畢業學生壯遊臺灣，藉由划獨木舟、泛舟和登山等冒險犯難活動，讓青年學子挑戰自我極限，體驗山與海的美好，也更親近土地、人文、生態與歷史，讓冒險成為一生的養分。但遭逢疫情，近兩年難以舉辦大型活動，改為「壯遊出行」，卻反應平平，面臨轉型的挑戰。

二〇二一年秋天開學後，陳秋蘭院長召集了英語學系陳純音主任和我，一起討論如何激勵同學參與，大家也不免困惑：為何學生可以得到補助去旅遊，卻興趣缺缺？又該如何促進青年學子願意到臺灣各地去探索？

經過一番腦力激盪，我們決定逆向思考，提出了「跨山越海・感動出行」的企劃，保留原本的「壯遊出行組」，維持以人文知識為核心，歡迎同學提出壯遊的計畫，必須記錄文化觀光導覽資訊；同時新增「社參拓印組」，廣邀文學院學生自組團隊，結合人文知識服務實踐，從執行過程中探索自我價值，培養多元能力。兩組所設定的補助經費並沒有差距，而具體的社會參與提案，先詢問宜蘭與花蓮的社區與非營利組織團隊，依照在地的需求，由同學回應與規劃。

宜蘭花蓮數位機會中心專案經理張惠茹長期推動「旅行志工」計畫，很歡迎大學生投身社區服務，於是聯繫了各個社區，提出許多人文知識轉譯的方案，也透過說明會向同學介紹。讓人意外的是，加入公益服務的元素，報名組別激增，多達二十七件。「社參拓印組」並沒有更多的預算，但報名的組別也有七組之多，讓人印象深刻的是：同學們都挖空心思從過去所學，回應偏鄉所需，讓評審很難割捨。

觸動新世代的公益脈搏

新世代是否不是刻板印象所說的「享樂世代」？而是更追求意義與公益的一代？行銷學大師Philip Kotler最近出版的《行銷5.0》一書中，就特別指出，隨著Z世代（出生於一九九七年至二〇〇九年間）和α世代（出生於二〇一〇年以後）的崛起，世界正發生巨大的轉變，新世代主要關注如何以科技造福人類，可以從兩個面向展開，一是希望帶給全人類正向的改變、提升大眾的生活品質；二是推動人類的科技進步，創造更包容的社會。

經過一個夏天的走踏與服務，同學們所回報的心得以及拍攝的影片，都讓人無比感動。首獎作品由地理系陳易欣與人發系趙若谷、楊品捷、黃沛晴、李知穎等同學組成團隊，遠赴193線道旁的阿美族部落貓空部落，紀錄正在復興部落觀光文化的苧麻撚線、輪傘草編織與糯米釀等傳統技藝，品嚐部落風味小吃和小米酒，並協助以照片與影片，充實部落原有「聖山下的部落」的臉書與IG專頁。生動活潑的影片背後，組員更深入盤點社區文化、人力與景觀等。發現了社區中從耆老到返鄉青年不但有強烈傳承文化的意念，也善於利用數位科技行銷自身，逐步開展出有質樸與天然美感的社區商品，陳易欣說：「很感動於部落間是多麼努力在合作，希望可以將他們心目中重要的事物傳承下去。」由於熱情召喚出熱情，在資源極其有限的狀況下，旅行志工也貢獻出精彩的微電影，更期待未來有更多名人參與，為部落代言，吸引更多觀光客到此一遊。

「前進長濱！尋訪台灣島上最難到達的書店！」走得更遠，到達台東海岸的長濱鄉。這一組計畫成員由國文系婁儷嘉與歷史系陳冠恩、杜舜雯、鄭育潔等四位同學組成。她們留心到「#1111獨立書店歇業潮」事件，希望致力報導美好的鄉鎮書店，扭轉閱讀風氣下滑的頹勢。她們千辛萬苦到了長濱「書粥」書店，與打工換宿的店長 Karan 交換了經營書店的經驗，更激發起探訪創辦人高耀威的興趣，一行人還轉而遠赴臺南，以 podcast 的形式訪問，並澄清自身從事公益行動的迷惑：「實踐與行動真的能夠改變環境？」高耀威提醒青年朋友：「知道自己要做什麼、想做什麼才是最重要的，以行動為重，盡量參與、融入社群，試著為彼此的生命添上不一樣的色彩最重要。」改變社會不可能立竿見影，體會彼此的付出，感謝他人的給予，應當才是服務最動人的一面。

「佇足大洲，筆耕三星」是一個十足有文學創作意涵的志工計畫，由國文系許桐瑋、華文系李旻珊與表藝所黃筠雅等三位同學，和「還想試試工作室」進行討論後，由三位協助針對三星鄉的觀光景點寫下詩篇，主題有安農溪、鴨農、林鐵車站、柑仔店人物等，未來可以應用於文化觀光的互動遊戲或活動中。黃筠雅說：「我發現這五天來心靈很滿足，獲得了平靜，腳步慢了下來，看見的、感受到的東西更豐富了。」他們深入踏查寫下的作品，誠摯動人，獲得社區民眾的喜愛，目前正在徵集插畫高手配圖，很快就會應用在三星鄉的觀光推動上，也因此得到許多來自在地民眾的迴響，以極高票數得到最佳人氣獎。

紀錄感動開展更多壯遊的旅程

二〇二二年的秋天開設「編輯與採訪」時，設定了一個高難度的目標，導入臺師大青年壯遊為主題，藉由做中學，在一個學期中，帶動同學從採訪、企劃、文稿編輯與美術編輯等歷程，共同完成一本專書。

在課程開始，向學生介紹有著「社參拓印」成員加入的「跨山越海」，希望讓同學廣泛接觸身邊是否有許多願意冒險的夥伴，願意在青春歲月中，累積更多承接未來挑戰的養分？

經過企劃與發想，這本壯遊故事集期待介紹壯遊概念的歷史源流，國內外青年壯遊的方案，臺師大跨山越海活動的起源與變遷，壯遊出行的故事，社參拓印的實例，人文轉譯的案例，以及新型態社會實踐的山海狂想。令人動容的是，因為認識了這系列饒富公益精神的計畫，修課的同學中，也有人組成團隊，開始投身到社區服務的行動中。

翻閱這本書稿，兩門課程同學先後的投入社區，結構出一本山海迴響的報導，從年輕人的筆下，讓我們重新認識 Z 世代和 α 世代的價值觀，相信如同 Philip Kotler 提醒的，將「以人為本」與「科技賦權」的價值結合，是面對未來世界的重要參考座標。相信未來一定能吸引更多社區提出具有人文知識轉譯價值的需求，也能召喚新世代投身，在旅行中找回單純的自我，也把所學貢獻給臺灣迷人的土地。

國立臺灣師範大學　全球華文寫作中心主任　須文蔚教授

目次

推薦序　跨越以後，山海洄游／陳秋蘭　3
導　言　跨山越海少年遊：教學×壯遊×報導／須文蔚　5

Ch1 青年壯遊
壯遊的前世今生／李昀倢　18
給自己的成年禮／李昀倢　23
青年壯遊・旅行意義／吳姍其　34

Ch2 跨山越海的起源與變遷
楔子：臺師大文學院的跨界行動／鍾凱名　42
跨山越海的前世／謝采凝　43
跨山越海的今生／鍾凱名　47

Ch3 壯遊出行

世界在我們的生活圈之外／胡可兒 52
走進山林：阿朗壹古道中的心靈探索之旅／胡可兒 54
歷史之下：羅妹號事件後的國境之南／吳芊歆 61
船帆露水：風城文史行旅／徐長鈺 65
故事之所：長濱風景裡的書粥／蕭琮翰 71

Ch4 社參拓印

楔子：山海的回音／陳其豐 78
祝福與回饋：採訪聖山團隊／林意珊 80
文化的風采：吳建安談貓公部落／王穎嫻 86
靜聽與傾心：鼓動鳳林的心跳聲／葉宗昀 89
田野的初心——李美玲談鳳林團隊／陳其豐 94

交心與詩篇：以對話融入三星鄉／邱蔚程 97
詩歌的星子：劉展佑談三星團隊／王穎嫻 100

Ch5 山海狂想與人文轉譯

楔子：獻給所有狂想家／鄭羽珊 104
盲旅——踏上未知的旅程／林佳蓉 107
讓坪林茶產業高飛的臺灣藍鵲茶／吳秉容 116
跨山越海的可能性？潛藏在師大的異國生力軍／林昀學 125
數位學伴計畫沒想像中簡單／謝宜庭 131
與孩子攜手同行，大學伴吐心聲／謝宜庭 141
國文學子・能文能武／陳蔚旋 147
省思／鄭羽珊 154

Ch6 山海洄游

運用數位的力量讓歌仔戲在故鄉傳唱／楊周君美 164

科技暖男的斜槓人生／楊周君美 168

帶著夢想來返鄉／楊周君美 176

一起航向偉大的航道——專訪劉文正／楊周君美 183

Truku族人與新型數位碰撞下的童心未泯／莊鈺婕 189

新城新世代——瑤瑤與新城發展／李翊熏、黃立心 196

花蓮市數位機會中心的日常風景／童靖倫 202

通往干城的單程票——秋華姐沒有終點的社造旅程／楊周君美 208

凝望家鄉的街道——專訪楊凡萱／楊周君美 216

那些走慢的都是我家鄉的風景／唐曼婷、賴星宇 221

吳建安的貓公復興時期——連結社區與青年／王文瑾、周家祥 227

我們所看見的星芒——關於光復數位機會中心／程映昕 233
點燃193縣道的數位學習的火苗／崔曼芸、許桂寧 239
依山而行，傍水而居
——部落兒女曾子昂的洄游人生／彭暐琪、謝文婕 245

Chapter 1

青年壯遊

壯遊的前世今生

文／李昀倢

壯遊源自英國菁英的歐洲熱？

壯遊（Grand Tour）一詞的出現，最早可以追溯到十七世紀的英國。當時的羅馬天主教神父理查・拉賽爾斯（Richard Lassels），在其著作《義大利之旅》（*The Voyage of Italy*）中，指出壯遊的概念：一名青年男性貴族，與一位全程監護的家庭教師，以羅馬為主要旅行路線，進行長達兩到三年的旅程[1]。

壯遊起源於十六到十九世紀的英國，當時擁有財富的年輕紳士們，在完成英國的學業後，流行到歐陸遊學。在旅行中，他們會去各地大學學習、欣賞藝術作品與建築遺跡、飽覽歐陸的美景等。

1 余賢文，《壯遊的起源、發展暨對於台灣的當代意涵》（未出版之碩士論文），世新大學觀光學系研究所，二〇一七年。

在壯遊中尤以義大利為核心，佛羅倫斯是文藝復興時期的重要城市，羅馬更是歐陸從古以來的文化重鎮，舉凡德國作家歌德（Goethe）、法國思想家孟德斯鳩（Montesquieu）、英國女詩人蒙塔古（Mary Worteley Montagu）都曾前往義大利旅行。遊歷的過程有助於這些青年增廣見聞，了解歐陸國家的風土民情、語言文化，使其回國後有利於擔任某些職務。

華語圈將「Grand Tour」翻譯成「壯遊」，是取源於杜甫的詩作〈壯遊〉。杜甫在詩中回憶了他一生在不同時期顛沛流離的經驗，即便路途顛簸窮苦，仍不改變志向。杜甫的壯遊與富庶的歐洲紳士們截然不同，華語的翻譯隱約透露著「壯遊」定義的轉變。隨著時間的發展，壯遊不再局限於文藝復興後，歐洲貴族的遊學之旅。懷抱壯志而遠遊都可以稱為「壯遊」，資深媒體人陳雅玲指出，壯遊應包括三個特質：旅遊時間「長」、進程挑戰性「高」、與人文社會交互「深」。[2]從起源到今日的發展，壯遊核心不變的價值，便是它具有高度的教育意義，它不是漫無目的的漂泊流浪，也不是翻山越嶺的極限挑戰，而是對我們所處的世界懷有溫度的人文關懷。

從菁英到大眾——壯遊的轉型

十九世紀後，壯遊轉變為青壯年的成年禮，活動不限於少數貴族。這群青壯年自行規劃旅程、籌措經費，旅遊過程中一切問題都要自己解決，知名的古巴領導人切・格瓦拉（Che Guevara）

---

2 陳雅玲，〈放大你的格局，人一輩子要有一次壯遊〉，《商業周刊》，二〇〇七年二月。

在一九五二年從大學休學一年，與好友騎著摩托車環繞整個南美洲。因為這場長達四千公里的壯遊，格瓦拉親身觀察到拉丁美洲的貧窮與苦難，於是放棄成為醫生的康莊大道，毅然決然的踏上革命的漫漫長路。

到了一九六〇年代，英國出現新的名詞「Gap year（空檔年）」，最初是由教育志工機構(Project Trust) 提出，鼓勵青年利用這一年的空檔時間，離開舒適圈，前往貧困地服務擔任志工。受到現代社會急於投入職場的氛圍影響，原先一年的 Gap Year 大多縮短為一個禮拜，或一個月的旅程。

成年禮活動的盛行，加上民間團體致力推動的 Gap Year，讓教育機構逐漸重視壯遊的教育意義。許多國外的中學會簽訂海外姐妹校，讓本校的學生可以進行一到兩周的教育旅行，甚至當一年的交換學生。

無論稱作壯遊、遊學或者是 Gap Year，都隱藏著無限的商機。除了因其所寓含之教育意義而積極推行的教育單位，或者是帶有公益性質而鼓勵投入的志工組織，在國外還有許多民間的遊學代辦機構。民間與政府單位的推行，大大降低壯遊的難度。學校舉辦的教育旅行，讓家境普通的學生也有機會出國，志工組織協助青年媒合服務據點，營利性的遊學機構更包辦國外的遊學行程，在講求效率的年代，減少了青年需要付出的時間與精力成本。

從政府到民間臺灣齊力推廣壯遊

在國外行之多年的海外姊妹校、國際志工營、遊學代辦機構等，在現代的臺灣早已屢見不鮮。臺灣的政府單位自二十一世紀始，積極推動壯遊，教育部青年發展署從二〇〇九年開始舉辦「青年壯遊台灣——尋找感動地圖計畫」，鼓勵十八到三十五歲的青年以及高中生，深入臺灣各地的社區，與當地交流互動，了解臺灣的不同面向，並從中尋找自我、培養多元能力。此項活動由青年自行規劃提案，通過審核後，教育部將提供經費，協助青年學子完成壯遊的夢想。

「尋找感動地圖計畫」仰賴學生對社區的高度關注、企畫與執行能力，對學生而言，挑戰度高。為了讓學生更輕鬆的接觸壯遊，青年發展署自二〇一三年起，與民間機構及大專校院合作，在全國各地設置「青年壯遊點」，辦理以文化、部落、生態、農村、漁村、志工、體能七大類型為主題的體驗學習活動。體驗時間多為一到兩天，行程由當地合作的機構安排，十五到三十五歲的青壯年，可利用閒暇時間報名體驗，不需事前規畫，在繁忙的課業或工作中也有機會壯遊。

在國際化的潮流下，教育部青年署著手進行國外的壯遊計畫，二〇一四年推出「大專校院鼓勵學生赴海外進行國際體驗學習試辦計畫」，補助大專校院生九十到一百萬元出國壯遊。實行方式由大專院校招攬校內的同學參與活動，具體的學習計畫由學生自主設計，規劃以教育、體驗、學習為主，歷年來有團隊前往菲律賓協助生態旅遊業，也有團隊前往日本與新加坡，觀摩當地的長照與托兒機構。在二〇二〇年新冠肺炎的疫情衝擊下，國際體驗學習的計畫停擺至今（二〇二二年），未來若疫情趨緩，國境開放，青年署應會再度鼓勵青壯年去國外體驗學習。

中華文化強調孩子的課業表現，往往忽略孩子的適性發展。近年來，臺灣政府不斷推廣壯遊活動，鼓勵青年向外探索，拓展視野，而非埋首於教科書中。但現在的中年族群，甚至是銀髮族，在他們的求學時期，臺灣的社會相對封閉，很少有機會出去看看國外的世界。臺灣知名舞蹈家、雲門舞集創辦人林懷民，便是在那無奈的時代下成長。大學時期他終於能到國外求學，畢業回臺前，他踏上如流浪般的「壯遊」旅程。這趟流浪讓他看到了世界，也成為日後他舞蹈的養分。回臺後便創辦了如今享譽國際的雲門舞集。

林懷民先生的這趟「流浪」為他的人生開啟了不同的道路。二〇〇四年，林懷民先生在獲得行政院文化獎的頒獎典禮上，宣布捐出獎金，成立「流浪者計畫」，讓臺灣的藝術家、文化工作者或是社會服務者前往國外，希望這些青壯年們可以和他一樣，在旅程中啟發自己的心靈。

「流浪者計畫」是臺灣少數由民間提供經費，鼓勵青年壯遊的機構。或許正是因為林懷民先生的親身經歷，讓他在功成名就後毫不猶疑的回饋社會。不管是民間或是政府，從二十一世紀以來，不斷的播下壯遊的種子，在不久的未來，我們也許能夠期待種子開花結果，現在的學子長大以後，能將壯遊的影響力傳播得更遠，也擁有更多的資源回饋給下一代的青年。

給自己的成年禮

文／李昀倢

目前就讀於師大的賴致龍，在大三決定以單車環島。體能一向優異的他，卻在環島中遇上熱衰竭，但也因此看到不一樣的風景。畢業於師大的陳子揚，曾去菲、柬擔任國際志工，也曾去蘭嶼執行「尋找感動地圖計畫」，並在大四暑假前往澎湖打工換宿，這些經驗都成為他目前在教書、地方創生的養分。

騎鐵馬遊台灣

二〇二二年適逢師大的百年校慶，舉辦了一系列的慶祝活動，其中包括「百年校慶鐵騎活動」，邀請全校師生共襄盛舉，以單車長征九百公里環島，挑戰自我。國文系一百一十二級的賴致龍表示，當初想要參加的動機是自己熱愛運動，單車環島可以挑戰運動能力。而且小時候很少出遊，生活範圍僅停留在家鄉宜蘭，希望能透過這項活動看到臺灣山海的壯麗。另外，他也提到，當時自己正逢情感上的挫折，急需一個新目標轉移生活重心。種種原因下，他決定參加二〇二二年六月十八日到二十六日，為期九天八夜的鐵騎活動。

正式活動前兩個月，賴致龍就開始自主訓練，他強調，雖然鐵騎活動並非競賽，但他想以完美的狀態迎接挑戰。在臺北沒有單車的他，以雙北微笑單車（YouBike）作為訓練工具，沿著河濱公園騎車，一開始騎到萬華約二、三十公里，最後可以騎到淡水再折返，總長可以達到六、七十公里。賴致龍表示，自主訓練帶給他意外的收穫，平常自己的生活圈都在師大，因為訓練，讓他去到臺北不同的地方，反而更加熟悉、認識臺北這座城市。

環島第一天，參與活動的師生們早上八點從師大出發，開啟他們的單車環島旅程。在九天的行程中，分別停靠新竹、臺中港、嘉義、高雄、屏東墾丁、臺東知本、花蓮瑞穗、宜蘭礁溪，最後回到師大。每日早上六點起床，用完早餐後必須在八點準時出發，一直到傍晚五六點抵達飯店，每天需要騎九十多公里。賴致龍提到，在漫長艱辛的騎乘路上，隊員們的支持與鼓勵，是每位挑戰者堅持下去的動力。另外，各縣市的休息站會有師大校友迎接，甚至準備消暑的點心、補給品，令他十分難忘。

挑戰身心的大魔王

單車環島的第六天，從墾丁到知本有一段上坡山路，是大家公認最辛苦的「壽卡天堂路」。這段山路對賴致龍而言並非難事，他表示，最可怕的大魔王其實是壽卡天堂路後，綿延數十公里的臺九線。

從壽卡下山後，會接到臺九線公路，沿途會經過大武、金崙、太麻里。這段公路靠海，一路上都是美麗至極、風光明媚的海景，但爬完壽卡的賴致龍同學已經耗掉一大半的體力，雖然景色美麗，卻沒有心思欣賞，甚至因無法放鬆而覺得反感。賴致龍回憶，他看到臺九線起起伏伏、令人絕望的上坡，對照一旁的秀麗風景，心態難以平衡。

賴致龍對自己的體能很有自信，他常常領先其他組員，即便是「壽卡天堂路」，他依然覺得輕鬆，第六天也完成了美麗而殘忍的臺九線挑戰。但令他完全意想不到的情況發生在第八天，他從瑞穗到礁溪的行程中強烈地感受到身體的不適，去醫院診斷後患上熱衰竭，當天只好坐上保母車休息。賴致龍感到很可惜，一方面無法騎完全程，二來不能神采奕奕的回到家鄉宜蘭，反而狼狽不堪。

在旅程接近終點時，發生意外狀況，讓賴致龍感到灰心，但他也表示，組員們都前來關心他的身體狀況，令他十分感動。另外，因為他身體不適，第八天晚上八點入睡，隔日清晨四點就自然醒，從飯店的陽臺看到蘭陽平原的日出。賴致龍強調，這是他第一次在家鄉宜蘭住飯店，在宜蘭也很少有機會從高樓層眺望，這對他而言是難忘的經驗，也是意外的收穫。

看見全新的自己

在第八天充分的休息後，第九天，也是單車環島的最後一天，賴致龍恢復體力，順利騎回師大，結束九天八夜的旅程。他表示，因為熱衰竭，反倒讓他有機會在家鄉宜蘭好好的休息，最後一天返回臺北的行程可以精神飽滿。從宜蘭前往臺北的最後一哩路，令他感觸良多，因為這與他求學的路程一樣。他很慶幸最後能以最好的身體狀態騎回台北。他認為，自己之所以在短短一天內康復，是因為他平時累積的訓練，足夠的訓練強度，讓他的身體可以負荷高強度的運動，也能快速「復活」。

在經過這趟充滿磨難與挑戰的旅程後，賴致龍同學認為自己的心態變得更為成熟，騎車時可以自己決定要停下來，或是堅持向前，而他相信只要奮力踩穩每一步，即便步調放慢，總會向前邁進，最後同樣可以完成目標。另外，這趟旅程也讓他從失戀的痛苦中走出，再次擁抱過往混沌迷惘的自己，懷著豁達的態度，期盼未來更美好的際遇。

右｜單車環島的大魔王，從屏東到臺東綿延的臺九縣。
左｜在各縣市的休息站都會有師大的校友迎接，圖為校友提供消暑點心。

1
2 | 3

1 一路上互相扶持的組員，左四為賴致龍。

2〈我的復活〉，經過一天的休息，賴致龍第九天滿血復活，騎回師大。不但領先後面的隊友一大段，還可以游刃有餘對攝影師比讚。

3 賴致龍第七天經過池上，第七天也是熱衰竭的前一天，當時已經出現疲憊的狀況。

1
2
3

1 賴致龍第八天因為熱衰竭提早休息，隔天清晨四點自然醒，意外看到蘭陽平原日出。
2 賴致龍與被譽為山線最美的東里車站合影，東里車站後因 918 強震而倒塌。
3 賴致龍第九天回到師大，特意戴上百年校慶的口罩。

尋找自我的路上

目前在宜蘭擔任高中教師，同時也在花蓮新城從事地方創生的陳子揚，是二〇二二年六月從臺灣師範大學地理系畢業的校友。他在國中時第一次展開他的「壯遊」，隨童軍團前往日本露營，為期兩周都由自己打理生活。高中時期兩度擔任國際志工，一次前往菲律賓，為貧困區域的孩童辦理教育營隊；另一次則前往柬埔寨，在物資匱乏的暹粒村莊，協助村民建造房屋。升上大學後，不同於先前的國外壯遊，他展開了臺灣國內的旅程，在大三暑假參加教育部青發署辦理的「感動地圖計畫」，前往蘭嶼；大四暑假則去澎湖打工換宿。

擁有豐富壯遊經驗的陳子揚認為，在壯遊看見大山大海僅是一個條件，並非最重要的，重要的是在壯遊後，開闊自己的心境與視野。他希望自己可以在壯遊中看見不曾見過的事物，有一次從臺北前往高雄的路上，不同於一般人搭高鐵直接到高雄，他在路程中轉了十五次的交通工具，沿途欣賞不同的景色。他認為在前往目的地的路上，就已經展開旅程。

走出舒適圈，看到世界的落差

陳子揚提到，兩次擔任國際志工的經驗，讓他看到世界在經濟發展上極大的落差。在前往柬埔寨前，陳子揚先閱讀《柬埔寨：被詛咒的國度》，試圖瞭解柬埔寨的歷史，但看到一半覺得太過沉重而放棄閱讀。柬埔寨因為共產勢力，曾發生內戰，戰後至今，暹粒仍留下許多地雷，危害當地人的生命。

陳子揚回憶，當時參訪的孤兒院，裡面大部分兒童的父母都是因為誤踩雷而喪命。原以為這群小朋友會因為悲慘的遭遇而陰鬱，沒想到他們歡欣鼓舞的拉著自己一起踢足球。帶這群小朋友去參訪吳哥窟時，因年代久遠而難以辨識的佛像面容，在他們的畫筆下都是一張張燦爛的笑臉。陳子揚認為，即便過貧困的生活、父母意外喪命，這群小朋友仍保有天真無邪的心。回國後，他決定不再繼續閱讀《柬埔寨：被詛咒的國度》，因為這與他的親身經歷差異甚大，柬埔寨並非如書中描述得如此悽慘，反而蘊含著旺盛的生命力。

1 陳子揚在柬埔寨的暹粒協助村民建造房子。
2 陳子揚前往菲律賓 Olango 島，為當地新建的圖書館彩繪。
3 柬埔寨的兒童在參觀吳哥窟之後的素描作品。左二為陳子揚。

擁抱臺灣的田野

回到臺灣本土，陳子揚提到，他在蘭嶼執行垃圾帶回本島的計畫，在當地清潔隊的帶領下，參觀了垃圾處理場，堆積如山的垃圾量令他大為震撼，若不是這群清潔隊員願意接手處理，根本無法消耗觀光客製造的垃圾量。藉由清潔隊員的介紹，他認識許多島民，甚至結識郵差，與他一起穿梭在島上的大街小巷送信，深入當地的生活。

大四畢業的暑假，陳子揚去澎湖打工換宿將近兩個月，協助當地的地方創生工作室。他提及，他印象最深刻的回憶是與工作室的夥伴一起煮飯。下廚之前必須先到魚市採買，他學到如何辨識魚類，也見識到當地人的生活領域。回到廚房，跟著當地的夥伴殺魚、烹飪，陳子揚感受到島民對魚食尊重的態度。因為打工換宿可以在一個區域長期停留，他才有機會好好的認識澎湖，在觀光以外看到更真實、日常的澎湖。陳子揚認為這是他難以忘懷的經驗，他也在當地結識一群好友，對澎湖產生了深刻的情感連結。

反思壯遊意義，展開新契機

走過臺灣的田野，也曾去國外擔任志工，累積越來越多的經驗反而讓陳子揚陷入困惑，他質疑，短期的壯遊可以為所到之處留下什麼效益？或終究只是在自我滿足？他希望自己對當地人而言不只是過客，但無奈地，他仍會離開。因此，他開始顧慮跟當地人產生深厚的交情是否正確，甚至會想與地方保持距離。

心中雖然對壯遊的目的抱持著困惑，目前身為教師的陳子揚強調，自己擁有的壯遊經驗，成為他教學的案例。他鼓勵學生出去壯遊，在外的體驗可以真切的對照到書本裡的知識，也會因親身體驗過而印象深刻。他同時也從事地方創生，以往在外看到的風景人情，都成為他協助當地推廣文化的養分。陳子揚提到，他現在仍會與澎湖的那群夥伴聯繫，即使無法長久相處，心中仍惦記彼此，總有機會再度相遇。

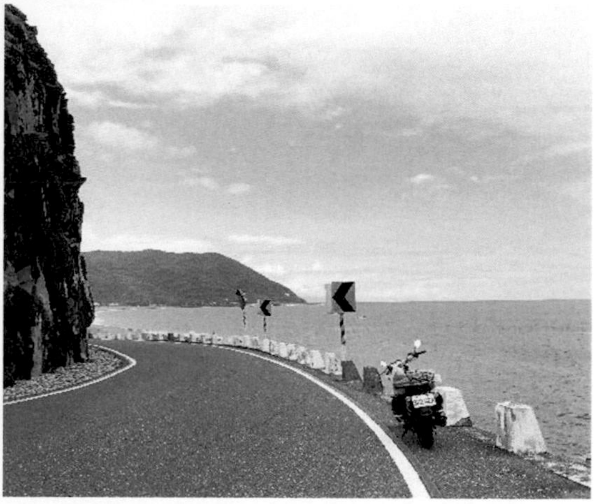

1
2 | 3

1 陳子揚畢業後的暑假在澎湖打工換宿近兩個月。
2 陳子揚深入澎湖當地的漁村生活。
3 檔車是陳子揚遊臺不可或缺的夥伴。

青年壯遊．旅行意義

文／吳姍其

壯遊，一場超越自我，沉澱心靈的旅行，往往是學子邁入社會前給自己的一份禮物。師大公民教育與活動領導學系一百一十一級徐琬婷與楊惠清於大四出發，分別在臺灣與芬蘭展開一場探索之旅。

打破計畫，成為更彈性的自己

來自緬甸的惠清於今年二月，與夥伴李宗蕊完成臺灣徒步環島之旅。出發前，他們做足準備，規劃每日目標與行程，但惠清說：「其實沒有一天在計畫上。」在桃園市內，有一段原訂搭乘公車進行的路線，因為腳程沒跟上而錯過，下班公車一小時後到站，但正下著大雨，該如何是好？小歇一會兒，抑或冒雨向前？堅定的步伐由天人交戰中跨出。大雨滂沱，雨水啪啪的在臉上，只有雨的聲音，反而很安靜，安靜得隔出一個沉澱的時間。回首大學生活，慣於計畫，把大學四年塞滿的她，學習跳脫框架，接受變化，成為更彈性的自己，嘩啦大雨是沉澱的化學藥劑。

同行者——旅行中的人際關係

「一起出發，是拿關係做賭注。」惠清說。兩人在旅途中的體力不一，有時要等待，有時要費力堅持。等待，便有了觀察與感受的時間；堅持，就創造了與夥伴的革命情感。到達七星潭時，眼前絕美的風景讓惠清與宗蕊不禁感嘆幸好一同前行，感動油然而生。然而，兩人在路線上的想法偶有不同，惠清說：「走伯朗大道那段是最辛苦的，路很平，天氣很好，但我們因意見不同，無法達成協議，各自選擇了不同的路線，有一個小時，我們沒看到對方，我真的很想回家。」惠清表示，在這一小時，她思考「一起出發」的意義為何。雖有衝突，但每天晚上，兩人仍會在睡前彼此分享，把白天累積的結給解開。這樣的衝突與談話，讓她們的關係更靠近，有夥伴的路，讓壯遊添了更細膩的情感。

成為祝福

其中一晚，她們借宿在師大人類發展與家庭學系的李沂芃家中，沂芃家中的熱情與溫暖，還有一路上小販、路人給予的鼓勵，都讓惠清的心被濃厚的臺灣情包圍。她說：「走路是與土地相處最靠近的方式，用腳掌和肉心認識臺灣，這裡也是我的家。」遠從緬甸來臺灣求學的惠清，也曾對於未來感到不確定與擔憂，但這一路上，臺灣的溫柔、多元與包容，使她勇敢，有力氣面對往後的挑戰。

「家」的新意義

「對我來說，最特別的城市是嘉義。」惠清說。惠清在緬甸就讀高中時，嘉義的協同中學就不斷的以基金會的方式支持緬甸當地有需要的青年就學，她也是受助者之一。當她真的到達嘉義，見到嘉義榮光堂的牧師與師母時，特別有親切感，心中也充滿感謝。「身為一位基督徒，除了獲得，我也想將祝福給出去。」惠清說。徒步環島的路上，或說人生的路上，總有許多貴人相助，何不試著成為別人的祝福？出發前，惠清備好自己寫的春聯，用春聯祝福沿途的人，期盼自己所得到的可以成為臺灣的祝福與鼓勵。與臺灣有奇妙連結的惠清，在完成環島後表示，除了緬甸之外，臺灣也是她的家。臺灣的美和包容，教會她給予和祝福，並對「家」有了更深厚、寬闊的定義。

準備，啟程

根據二〇一九年，英國經濟學人智庫所公布的全球未來教育指數報告，芬蘭排名第一，而臺灣位於第十七名。近年來，國內推動教育改革，提出一〇八課綱的美好願景，而翻轉教育更是近年來熱門的教育模式與目標。立志成為國中教師的徐琬婷，決定利用在學交換的機會，於二〇二二年八月前往芬蘭，一窺「教育資優生」芬蘭的厲害之處。準備期大約兩年，琬婷精進英文能力通過檢定考，學校忙碌之餘打工賺旅費，並透過各管道蒐集芬蘭交換、當地資訊、住宿等相關資料，經一番準備後終於出發！

旅行是追求感動也遇到衝擊

琬婷落腳於芬蘭第三大城坦佩雷（Tampere），至坦佩雷大學（Tampere University）進行交換。她分享，當芬蘭的初雪悄悄來到，霎時間以為是白色飛蟲飛過窗前，看到外頭歡呼的人們才意會到，下雪了！「天啊！我真的到芬蘭了！」她在心中吶喊。琬婷說，對她而言，旅行出走有時是一種憧憬的追求，看到原為另一個世界的景象，激動與感動會交織，然後醞釀生命的溫度，這是旅行的意義。

費盡心思到芬蘭，琬婷認為，應該多與各國、不同性格的人交流，擴展視野與增加膽量。然而，第一個挫折很快來到，「要說挫折一定是語言啦！」琬婷篤定的說。她分享，芬蘭人很喜歡野餐，公園隨時可以看到年輕人群聚在草地上吃喝歡笑。有一次，她在野餐中遇見一位德國女生，正在詢問有關於SUP（Stand Up Paddle）[1]的資訊。她回到家，發現自己的信箱裡恰好有方才德國女生想要找的資訊，於是鼓起勇氣，寫信將資訊轉寄給她，並表達一起參與的意願。過了幾天，

[1] SUP（Stand Up Paddle）：中文為立式划槳，起源於夏威夷，結合了衝浪與手划槳板。

那位德國女生發出邀請，她欣然答應，同行當天，她為交朋友、說英文做好心理準備，但一切都和想的不太一樣。琬婷發自內心的說：「和我想的實在差太多，全部講德語，沒幾個字聽得懂。」在芬蘭，主要的語言為芬蘭語，但芬蘭人的英語能力普遍良好，所以琬婷遇到的許多芬蘭人，包括非芬蘭人的各國人，也都會因為遇到她，而用英文跟她交談，但並不是每次都那麼幸運。琬婷說，那次遇到的德國人，全程用德語交談，她就像是置身在外太空一樣。玩ＳＵＰ時，德國朋友們很熟練的划到遠方，第一次嘗試的她只得慢慢划，也因為語言不通，完全不懂現在該做什麼、討論什麼，使她數度產生「想回家」的念頭。

結束ＳＵＰ行程，德國朋友們還想去野餐，琬婷找了個理由推辭，才終於結束一下午的尷尬與煎熬。她走在黃昏街頭，內心充滿挫折與沮喪，但抬頭竟看見自己最喜愛的運動，是一群青年在打排球！踱步幾回，終於鼓起勇氣詢問是否能加入，對方欣然答應，然後，便與他們一同度過了一個熱血的黃昏，獲得了新的心情和體悟。琬婷說，人生好像就是這樣，高高低低，永遠不知道下一秒會遇到什麼，只要記得，挫折過後，不要失去嘗試與面對的勇氣。

到芬蘭旅行的經驗，也不是都這樣沉重，有時也會發生一些令人會心一笑的小插曲。有一次，琬婷和一位外國朋友聊天，詢問對方來自哪裡，那位外國朋友回答：「Hungary[2]」琬婷心裡充滿疑惑，她餓了嗎？不久才意會過來，原來是來自匈牙利的朋友啦！

---

[2] Hungary：匈牙利，英文發音與hungry（飢餓）相似。

勇氣，帶我前行

來到芬蘭四個月，琬婷利用假期安排至歐洲各國旅遊的行程，走訪法國、荷蘭、比利時與波羅的海等地。在波羅的海的城市導覽中認識了一位美國女生Katie，琬婷鼓起勇氣邀請她共進晚餐。那天晚上，她們有了一段很深刻且令人享受的談話，最後，Katie在去洗手間的時候將晚餐的帳結清，並告訴她，今晚由她請客，鼓勵琬婷持續做學生該做的事，朝目標堅持努力。琬婷分享，她其實是一個不太勇敢的人，有些事情她要久思過後，鼓起勇氣，才敢去做。但她身旁的人、事、物彷彿在用獨特的溫暖跟她說，其實這個世界很美好，值得我們再勇敢一些。

旅行至今，最大的學習是什麼？「機會是自己爭取來的。」琬婷說。因為努力的蒐集資訊、找資源，芬蘭行才能實現。她發現，芬蘭的課堂其實與臺灣差異不大，並沒有多元豐富、精彩絕倫的教學方法或教學媒材，但在制度上卻有相當大的不同，如：包容各種族、無差別分班等，又或是其鼓勵課後社團活動，看重實習等等特色，或許是其成為教育資優生的原因之一。二〇二二年一二月五日，琬婷到Ylöjärven Lukio（於洛耶爾維高中）進行一小時全英文的臺灣文化分享。報名前她曾經擔心自己英文程度不夠好，但看著旁邊的同學報名，自己也鼓起勇氣參加，但就在其他同學陸續收到回信時，她的信箱卻遲遲未見消息，本以為沒有希望，但想了想，為何不再嘗試一次呢？總要厚著臉皮試試看呀！果然，信件回覆很快的尾隨在第二封信之後。琬婷對自己道謝，謝謝當初勇於嘗試，厚臉皮的自己。

「你不用很厲害才能開始，你要開始才能很厲害。」這是琬婷很喜歡的一句話，也是她出發至今鼓勵自己的小語。儘管語言、交友遇到挫折，計畫總是趕不上變化，但對世界各地的憧憬，人們所給的溫暖，自己的底氣與勇敢，將繼續成為她前進的動力，在芬蘭，在臺灣，遇見更彈性、更寬廣，不一樣的自己。

Chapter 2

跨山越海的起源與變遷

楔子：臺師大文學院的跨界行動

文／鍾凱名

你曾聽過「壯遊」嗎？甚至說，你曾經進行過一場畢生難忘的壯遊嗎？壯遊源於十七世紀歐洲的「Grand Tour」一詞，指文藝復興時期，歐洲貴族子弟透過遊歷各地，拓展自我視野、探尋自我意義以及深化生命經驗的旅行方式。二〇一三年師大文學院院長陳國川，倡議將「跨山越海」結合「畢業旅行」與「成年禮」，讓師生一同壯遊臺灣。

然而，二〇一九年到二〇二〇年間，新冠肺炎猛烈襲來，疫情的打擊限囿了大型活動的舉辦，許多具有特色的發想也因此變得窒礙難行，此活動也難以擺脫這樣的境地；即使後續活動改為「壯遊出行」，也無法重燃學生的熱情，跨山越海活動正式面臨轉型的挑戰。

於是在二〇二一年秋天，師大文學院院長陳秋蘭，召集副院長須文蔚及英語系系主任陳純音，研議將活動主導權轉交給學生，讓學生自己選擇壯遊地點。另一方面則新增「社參拓印組」，讓文學院學生自由組隊，與在地需求結合，貢獻並實踐平日所學，從中找到學習意義與自我價值，嶄新活動「跨山越海・感動出行」於焉而生。

讓我們一起跟著陳國川以及陳秋蘭的腳步，一同深入跨山越海的前世與今生。

跨山越海的前世

受訪者／陳國川教授
採訪者／謝采凝

談到跨山越海——你必須要知道的臺師大人文季

要瞭解隸屬於人文季的跨山越海，就必須先瞭解人文季。「人文季」的前身是「文藝季」，在二〇一三年陳國川擔任文學院院長後，協調各系所，轉型成「人文季」。目的有三個：第一個，成立文學院各系所可展現特色的平臺，凸顯不同的專業與優點。第二個，企圖建立互補協作的場域，讓跨領域的行動日常化。第三個最主要的目的是透過跨域合作，進一步提升各系所的研究能量。陳國川舉出地理「中地理論」說明開創一個居中的場域，能促進社會整體和人類經濟活動效益，和〈禮運・大同篇〉中「不獨親其親，不獨子其子」的觀念，呼應人文季最根本的目的「跨域合作」。希望文學院各系師生能走出舒適圈，互相合作，激出不同的火花。

在跨山越海之前——陳國川挑戰文學院的整合

要召集文學院師生們一同跨域合作，是件不容易的事，陳國川回憶當時籌辦人文季時，各系所傳出不同聲音以及想法，要如何整合大家的意見呢？陳國川認為，各系所必須先提出可以交流與互動的目標，並公開討論，協議出一個大家都接受的方向，演變成人文季的面貌。

陳國川說：「做事不怕沒錢，怕的是不知道你自己要做什麼。」為了獲取足夠的經費辦理活動，當然一開始要先跟校長提出清楚的計畫與預算表去爭取經費，張國恩校長理解計畫宗旨後，大力支持文學院辦理人文季活動。其餘不夠的部分則向外界募款。隔年第二屆，活動做出口碑後，自然而然就能獲得贊助者默默支持，期許師大師生們可以在活動中學習與成長。

跨山越海的深層意涵——自反而縮，雖千萬人吾往矣

二〇一三年開始辦理的「跨山越海」是人文季的壓軸活動，文學院的師長會帶領畢業生「跨山」，走過嘉慶元年吳沙率領彰、泉、客人去開墾宜蘭平原的古道。師生腳下踏著先人的足跡、拓荒者勇於前進的步伐，領悟到「篳路藍縷，以啟山林」的精神。地球表面七成的面積是海洋，「越海」象徵著在茫茫大海中找尋心目中的理想。越過太平洋抵達龜山島後，師大的校長、院長、教授們會在島上為畢業生進行撥穗儀式，祝福學生奔向廣闊大海與世界。

跨過山越至海岸那端的剎那——師生手牽著手往希望的方向走

跨過山，往大海前進，陳國川說，師生互相扶持著前進，讓人最難忘的莫過於國文系的鍾宗憲教授一路上背著水，到山頂給學生補給的畫面。相信青年與他人互相扶持，一定是烙印在心裡的記憶。

「不管路上的石頭刺穿了你的腳，不管天上的太陽曬昏了你的頭，我期待的是你們可以手牽著手往希望的方向走！」陳國川想起當時不斷為學生打氣的口號，或許當下只能激勵學生完成旅行，但長期來看，當學生出社會後碰到困難時，他們可以記起當時與一群同學、師長們一同披荊斬棘的回憶，從中汲取養分，得到繼續往目標前進的動力。

陳國川談起身體力行的「跨山越海」活動時，臉上的笑容展露出他的期待：各系之間能夠互相激勵，引發跨領域互動的新火花。他期待學生們能大鳴大放，成為人生格局夠大，視野夠寬廣的社會人才。

上｜完成跨山越海的旅程後，文學院院長陳國川於人文之夜時演講，分享活動中的種種感動，並以此勉勵學生。
下｜在人文季開幕式中，張國恩前校長授旗給文學院院長陳國川。

跨山越海的今生

受訪者／陳秋蘭教授
採訪者／鍾凱名

跨山越海的轉型歷程——活動遭遇困境後展現全新樣貌

跨山越海舉辦多年後，慢慢遇到瓶頸，主辦方發現：學生似乎對於跟著校方安排的規劃旅行意願不高，再加上這兩年因為疫情打擊，政府限制大型活動導致活動難以舉辦，也使得許多有趣的企劃無法執行，甚至有一年整個活動被迫停擺，因此活動的轉型顯得勢在必行。

在二〇二一年經過開會討論後，跨山越海的活動做出了兩點改變：第一是一改以往學生跟著學校安排行程的傳統，放手讓學生自己組隊、自己規劃行程；第二則是將活動分為「壯遊出行組」及「社會參與組」，前者可以透過學校的經費助學生一臂之力，讓他們去想去但或許比較難以到達的地方，後者則讓學生除了旅行外，更能透過自己的力量幫助當地。這樣的改變，除了能夠讓學生自組團隊、自訂行程，將更多的主導權轉交給學生外，由各小組出遊的方式也能因應疫情的限制，讓學生的選擇更有彈性。至於新增的「社會參與組」，現任文學院院長陳秋蘭認為：其精神是希望學生「走出戶外，投入社區」符合現今強調的大學社會責任，不像平常的旅行只是走馬看花，而是與當地產生更深刻的連結，對此陳秋蘭表示：「大學生不應是溫室的花朵，而需要走到社區部落、偏鄉，先經過學習，才知道能如何做出貢獻，而不是只有單純的旅行。」另外，轉型後的活動，也會將學生出遊的時間拉長，而不只是限於幾個月份，如此能夠讓活動執行的時間更有彈性，期待同學最終能夠在五月的人文季中展現活動成果。

俗話說：「危機就是轉機」，跨山越海的活動在遭遇種種挑戰後，反思活動創立的宗旨，並考量到所面臨的困境，在經歷沉澱後調整活動的內容與方針，使活動能在兼顧理想與現實的方式運行，最後終以煥然一新的風貌浴火重生，也就是現今的活動「跨山越海，感動出行」。

山海變遷後的樣貌——從跨山越海到感動出行

現今的跨山越海保有「成年禮」的意涵，但對象不限於文學院畢業生，而是整組只要有一位文學院學生即可，讓學生能自己組隊、自己規劃行程；而活動又可分為「壯遊出行組」以及「社會參與組」兩種，不管哪組都須提出企劃案，並拍攝紀錄影片或撰寫相關報告，提升學生的主體性。

相比之下，過往的活動強調學生親身經歷考驗後，帶來身心的蛻變與成長，以團體活動與具儀式感的氛圍運作；現今的活動則更注重學生的自主性，以及旅遊過程中自我貢獻的產出，雖然不像以往是團體出遊，但小組旅行的方式卻更具彈性，也更能看見不同組別之間的創意與發想。陳秋蘭強調，轉型前後活動注重的面向有所不同，但卻都能緊扣著「跨域統整」以及「走出戶外」的活動目標。

關於跨山越海——創辦方的觀點與感思

陳秋蘭表示，希望學生可以跳脫框架，展現人文知識改革社會的計畫。至於什麼樣的計畫才叫做有意義呢？就是能具體轉譯課堂所學，在成果中呈現參與後的改變，或是該部落、社區等在學生參與後的影響；她對於去年其中一組「前進長濱！尋訪臺灣島上最難到達的書店！」印象尤為深刻，因為這組在參與活動的短短幾天內，便與社區產生深厚的情誼，社區居民甚至問他們：「你們明年會不會再來？」在這當中，院長感受到了滿滿的人情味，也鼓舞文學院繼續辦下去。

陳秋蘭指出，之後預計公開得獎作品的活動成果，除了讓其他人能夠觀摩並與之看齊外，也希望學生在規劃旅行時能不重複之前計畫去過的地方，期待在這樣的設計之下，學生能夠發想更多的創意，一同激盪更多元的社會實踐計畫。

上｜陳秋蘭院長為人文季開幕發表演說，向同學說明人文季創辦的宗旨。
下｜在同學完成跨山越海並回到人文季晚會後，陳秋蘭院長進行致詞，並準備進行撥穗儀式。

Chapter 3

壯遊出行

讓自己迎向挑戰，也來場心靈的饗宴吧！

世界在我們的生活圈之外

文／胡可兒

老電影《羅馬假期》裡有一句經典台詞：「要麼讀書，要麼旅行，靈魂和身體必須有一個在路上。」然而在智性至上的校園內，我們總是花了更多時間在書海裡和思想對話，習慣了透過巨人的肩膀仰望更遠的地方，卻從未以自身的渺小登高。我們獲得了所謂的思想自由，終究還是在知識的囚籠裡舞蹈。

有感於和世界的距離愈拉愈遠，一群學子不甘如此，趁著師大文學院的跨山越海活動，決心規劃一場獨一無二的壯遊旅程，設下給自己的挑戰。他們造訪臺東阿朗壹古道，體驗在都市生活外如何與自然交融；有人奔赴全臺最難抵達的長濱鄉書店，與創辦人暢聊社區營造、獨立書店經營的甘苦；或者追尋電影《斯卡羅》的軌跡環島，和陌生旅人彼此激勵；更甚者結合服務學習的精神，在攀登奇萊南華的過程中領略山川之美；也有人並不遠行，而是扎實的走遍新竹的大小文史景點，細緻觀察古建築的建造技術。

採訪不同同學的過程裡，我們看見他們在課本之外，積極拓展對於世界的不同想像，走出校園，連結自我與這片土地，留下青春的印記。透過壯遊，用腳印在臺灣各地寫下一段又一段不同的生命故事，也期待這些壯遊的故事篇章，逗引讀者繼續寫下新的一頁。

走進山林：阿朗壹古道中的心靈探索之旅

文／胡可兒

從走路開始

龍應台在〈走路：獨處的實踐〉一文裡寫下：「只要是走路，也是我帶著『自己』在熱的喧鬧中以冷靜聽、靜觀、靜思，更何況是行走山中野路，明月照亮青苔，溪水攪動碎星。」四名師大地理系學子深深有感，鎮日在教室裡摸索地理知識的圖像，卻難有機會離開車水馬龍的城市生活。跨山越海的活動訊息，勾起了就讀於師大科技系大四的曾逸萱報名的念頭，這個想法與同是登山社的地理系學妹田雨禾一拍即合，加上同在地理系受到邀請而加入的林韋彤、江安沂，這支橫跨不同年級的探險小隊就此成行，盼望著離開熟悉的臺北環境，承載著公視電視劇《斯卡羅》裡對於古城恆春的想像，一路南下。

探訪阿朗壹古道中的山海交響

回顧旅行的起點，最初決定核心行程的原因，便來自於活動中既要跨「山」，也要越「海」的豪言，令曾逸萱再次想起了放在夢想清單中的阿朗壹古道。團隊曾在壯遊與社區蹲點的兩個方案中選擇，在疫情的起伏之中最終決定離開都市，探訪山林，而位於臺東達仁鄉的阿朗壹古道吸引了他們的目光。逸萱說：「阿朗壹古道靠著海岸線，相較於一般的古道都在山上，是真的有山也有海。」有著島上唯一未受公路開發影響的海岸線，阿朗壹古道全長八公里，被劃分為自然保留區，必須付費申請，在當地嚮導的帶領下才能進入。沒有任何的交通工具協助穿越，必須仰賴雙腳一步一步踏實走過，一邊體驗先民的情懷，一邊欣賞美麗的風景。

對於長期在教室內、用眼睛探索世界的大學生來說，這項任務無疑是一場身體與心靈的全新挑戰。他們從恆春乘車前往臺東安朔，因為逸萱與雨禾曾參與登山社，她們對於一路上需翻越的陡坡，以及不易跨越的礫石沙灘還都游刃有餘，但對於另外兩位沒有經驗的夥伴來說，就顯得艱辛。走完阿朗壹古道需要花費大約五到六個小時的時間，其中最驚險的一段路程，是他們遇上了一片被浪拍打的海岸，必須在海浪停歇的間隙裡踩著大塊的岩石快速通過。不少人擔心海浪不期而至，遭海浪沖下，或者腳下濕滑而從石頭上跌落，必須保持全神貫注，觀察自然的脈動與自己的狀況，小心翼翼的穿越。

逸萱笑著說，因為自己是花蓮人，小時候常常在七星潭旁邊跑跑跳跳，沒有特別的挑戰感，但第一次克服的其他夥伴都尤為感動。「發現自己是可以徒步完成這項挑戰的。」一如雨禾在心得報告書中寫下的心得：「這是一種由外在環境導引我們進行內在探究與覺察的過程。」當筋疲力盡之時，抬頭被一望無際的海洋所包圍，在天地寬廣間，無形放下了許多累積於心頭的煩惱，在蜿蜒山路中一路眺望的旭海美景，至今仍讓他們念念不忘。

旅程中的意外收穫

除了自然美景所帶來的震撼，夥伴們間的深度交流，則是旅程中另一項美好回憶，「旅行中我最印象深刻的是和人的相處。」逸萱回想後說道。本來只是因和雨禾認識而決定一起參與活動，在整趟旅程中卻不斷深化兩人對於彼此的認識，也在其中聽到韋彤和安沂的分享，讓整個小隊更加緊密。在旅行的路程中、回到住宿地點的休息時間，讓他們傾聽彼此的心事，從家庭到自己，脫下日常中的面具，接納最真實的自己，也面對沉積已久的心事。逸萱強調：「我本來就很喜歡跟人相處、深入了解他人，有這樣的經驗很有趣。」

意外的收穫不僅於此，提到行前規畫與實際執行的差異，安沂分享，事前經過充分的準備，但實際出遊的過程中，會遭遇不可抗力因素，他們就遇到下雨，不得不改變行程。旅程中的意外也帶來驚喜，因為下雨，原本預計造訪的社頂自然公園行程不得不擱置，他們因此獲得了到海生館遊覽的機會，也一併到墾丁南灣、白沙灣踏浪，感受墾丁當地的人文風情，沒有陷入被迫改變行程的焦慮，反而自在接受環境中多樣元素，與自然共處。

上｜翻越阿朗壹古道中的山徑。
下｜從高處俯視需要小心翼翼走過的礫石灘。

天氣放晴後，第三天他們來到社頂自然公園，追憶斯卡羅人的部落與羅妹號的歷史事件，對照船帆石與斯卡羅部落之一的社寮，感受歷史的軌跡與當下的風景交織，離開電視螢幕，親身用眼睛來感受臺灣這片土地。

壯遊的想像：日常外的挑戰

而比較壯遊與一般旅行的差異，逸萱認為，壯遊會更有挑戰性。不像是日常的旅行，隨意帶上行李就出發，「行程比較沒有那麼平易近人」，例如在阿朗壹古道的體驗中，需在行前評估自己的體力，並考量在原始自然中，沒有超商和餐廳補給食物，需要自己準備乾糧，也沒有廁所，必須尋找隱密的地點就地野放，勢必走出舒適圈。

現代人常常把生活中的便利與舒適視為理所當然，體驗過相對缺乏資源的環境，內心反而會以更有意識的眼光去觀察原來的生活，進一步珍惜自己所擁有的一切。也正是因為環境的差異，「反而可以更珍惜平常生活的便利性」，逸萱和我們分享她的體悟，在山林與都市的對照中，不僅僅是看見了高山與海洋的美麗，同時也感念都市生活的方便快速，將自然所帶來的觸動背回日常中，陪伴著我們繼續前行。

上｜攻略好漢坡後的團隊合照。由左至右為：曾逸萱、江安沂、田雨禾、林韋彤。
下｜踏查社頂自然公園。

在船帆石感受古今變化。

致下一位旅行者

不過也因為壯遊中會設下挑戰，跳脫過往的舒適圈，逸萱提醒同樣想要嘗試壯遊的女孩：「不能太公主，要做好會遇到不方便的事情的心理準備。」當我們和旅行中的意外或困難相遇時，比起抱怨和嫌棄，更應該試著去接受，「畢竟都出來旅行了。」這些意外的美麗往往才是旅途中的驚喜。「我覺得其實不一定要具備什麼樣的心態，只要下定決心要做這件事，好好享受就對了。」安沂接著補充，與其擔心害怕旅程中未知的存在，不如放寬心勇敢出發，總要從腳下開始，走過千山萬水再回首時，才會發現那些自己感到畏懼的事物早已成為成長的養分，就像哲學家尼采所言：「對待生命，你不妨大膽一點，因為我們終究會失去它。」

歷史之下：羅妹號事件後的國境之南

文／吳芊歆

壯遊路上不是單單只有旅行

壯遊是什麼？許多人總認為，壯遊必須要去到一個很遙遠的地點，也許是出國，或是搭很久的車。太近的地點顯得格局小，太遠卻又舟車勞頓。可壯遊從來不該只單單強調地理上的距離，而是應該將視線轉回自己。

壯遊，是測量自己心中的遠方在哪裡。

在出發前往恆春，實行「追尋斯卡羅」這個計畫前，陳子揚表示，在這場旅程之前，他已經有多次類似壯遊的經歷了。對於壯遊，他認為應該更著重於心理層次上。他將壯遊分為兩個部分，一是以放鬆為主的旅行，讓身心開闊，沉澱世俗的塵埃；二是去驗證曾經讀過的歷史，將書中所學之知識，以實際行動去踏查、去了解，進而打開視野與心胸，讓心理上更開闊，這才是壯遊真正的意義。

斯卡羅是什麼？

斯卡羅名稱源於曾真實存在臺灣瑯嶠（今稱恆春）的政治實體——斯卡羅酋邦，當時獨霸一方的族群，在一八六七年曾與美國發生衝突，後人稱之為羅妹號事件及南岬之盟。公視取材此事件，並於二〇二一年播出電視劇《斯卡羅》，不僅獲得多項金鐘獎，也讓觀眾一窺當年在南方轟轟烈烈的政治與外交衝突。這樣特殊的歷史事件，勾起了臺師大地理系陳子揚與他三位同學的興趣，在臺師大文學院「跨山越海」計畫的鼓勵下，踏上了前往恆春的旅行。

廟宇之間，香火引路

「追尋斯卡羅」是一場為期三天的壯遊行程，在恆春闖蕩的匆匆時光裡，因為景觀過於精彩，牽絆了陳子揚的步伐，好幾個景點比預估還費時，不得不捨去許多地點，是個小小的遺憾。但同時，這也代表著這場壯遊重視深度，絕非是走馬看花。

在這三天，從枋寮到旭海到車城，一路上見到了很多廟宇及遺跡，在對照歷史記載後，才發現是文獻上記錄的地點。秉持著實地驗證的精神，陳子揚與同學們決定走訪文獻中提及的幾個遺跡。一般旅遊常常會忽略這些不起眼的文化資產，就算是住在附近的人們，也不一定會覺察這些地景的價值，許多歷史遺跡往往就這樣遭忽視。

與許多傳統廟宇不同，恆春半島不少廟宇的主祀神，都是由「人」升格成「神」，以墾丁大灣沙灘旁的八寶公主廟為例，據說便是荷治時期來台，卻意外死亡於臺灣的荷蘭公主。這些特殊的歷史也讓同學們感到驚奇且有趣。

他們也在前往車城的路上，尋找閩南先民生活的遺跡。在偶然的機遇下，他們開始尋找安放在車城四周的「五營」，也就是當時被視為結界作用的標誌。五營不僅是用來區隔種族間的生活區域，也有陰陽分界的概念。這標誌不大，他們在小鎮中不斷兜圈，來回尋找，最後也只找到了五個中的四個，但過程卻因這樣突如其來的小插曲而增添了許多趣味，也許這就是壯遊帶來的驚喜與收穫吧！

走一趟壯遊吧！

在走訪恆春的三天中，有勞累也有愉快，但更多的是收穫。在這樣充滿計畫的旅行後，所得到的往往是一般旅遊所遠遠不及的回憶與收穫。而所謂的計畫，不只是行程安排、時間規畫，更重要的是在旅行中保有的心態。陳子揚強調：「最重要的是心態，要期待自己在這趟路上，看到自己有興趣而未曾經歷過的東西，地點是其次，只要有所收穫就夠了。」他也推薦想參加這個活動的學弟妹，不要在旅行中只想著去玩樂，而是要事前準備好知識轉譯的功夫，並在當下實行，才會讓旅程更豐富。

壯遊是一場與自我對話的旅行，壯遊不只是豐富自己的知識、開拓自己的人脈，還能在旅行的途中，拉高自己看待世界的視野與格局、深化自己探討人生意義的思考等等。在繁忙的日常生活中，不妨抽出幾天的時間，規劃一場壯遊，放鬆疲勞的心，讓心靈走得更遠，體會更深刻的感動吧！

船帆露水：風城文史行旅

文／徐長鈺

出發旅行的人們是一張張船帆，而路途中的回憶與收穫，如同積附於上的滿滿露水。歸來之後，他們整理船帆、採集露水，聚集這些經驗，儲備下一次的出發。

在三月的開頭，左珮柔、林曦、洪若菱與胡均立懷著對文史的興趣與好奇，前往風城短暫停泊，追尋自己與地方的連結。他們駕車行在蜿蜒的臺三線，如同在熟悉卻也陌生的海上顛簸行船。而在十一月的末尾，四人重新張開旅行的帆，輯下記憶的露。

在車上

被問起為什麼會參加跨山越海的活動，左珮柔提到，這個活動是洪若菱無意間看到的，而會決定要做新竹文史相關的主題，是因為她本身是新竹人，胡均立跟林曦是客家人，而若菱對歷史很有興趣，這個主題對他們而言很合適。洪若菱則表示，活動計畫的形式很自由，還有錢可以拿，她覺得不能錯過。而且四人的行事風格能夠為這個活動帶來很多趣味，所以就選擇和他們分享。林曦認為，這個活動的用意帶有一種畢業旅行的感覺，所以也把參與跨山越海當作他們幾個在碩班生活的共同紀念。

談及「壯遊」這個詞彙，在四人的心目中與一般的旅行有什麼不一樣？林曦說：「我覺得這個『壯』字對我而言是壯膽的壯，因為我們這次選擇了自駕的方式在新竹移動。我跟珮柔輪流負責駕駛，為了這次的計畫，我們其實在行前花了一些時間練習怎麼開車，平常沒有什麼機會開車的我，在這次旅行裡突破了自己一次。」左珮柔說：「想像中的壯遊比較像是自己一個人背上背包去挑戰未知的事物，是一種身體的超越。但在現實的阻礙下，這種身體的超越便轉換為心態上的超越，藉由跨山越海，重新去認識自己、開展視野，也對在地有更多了解。」洪若菱提到壯遊比一般的旅行更多了一種目的，不單純只是去玩。而胡均立原先並不覺得壯遊跟旅遊有什麼差異，只是旅伴和行程的不同，在夥伴們的分享之後，他說：「這次我負責全部的影像紀錄，過去做影像好像都是跟別人合作，我只要負責某一個部分，這次獨立執行整個流程，對我而言也是一場新的挑戰。」

生疏地行在過去曾是隘勇線的臺三線，他們停船上岸，向著內心的山林走去。

風吹拂過我們

四人的旅行計畫執行率超過九成五，他們安排行程表的小秘訣是，精密的時間計算和行程預演。「整個計畫裡面，我們好像只有金廣福公館沒有進去，因為沒注意到要先預約。之前我的一個老師說，金廣福的『金』字也許帶有女真人的歷史痕跡。沒辦法進去實際看看，實在是有點可惜。」洪若菱對於好奇的歷史細節無法得到解答，略帶失望的說。

這趟旅行的重點之一是客家族群的特色建築。他們崇敬著吳濁流這樣的臺灣文學經典人物，一向對此保持著期待與想像，於是他們來到交織了臺灣文學與客家文化歷史的「吳濁流故居」。四人異口同聲的的說，參觀體驗後十分失望。在客家式建築的探究上，吳濁流故居確實保存了典型的建築樣貌。但在介紹吳濁流的文學貢獻上，展覽的形式和動線仍然有待加強，他們期盼能有更多人投入在地文學的保存，也期盼自身能為此貢獻自己的一份心力。

四人最期待的行程是鄧南光影像紀念館，本身對影像充滿興趣的他們，對此念念不忘。胡均立和洪若菱說起館藏的徠卡相機，語氣滿是興奮，「整面牆都是眼睛盯著你的感覺，非常震撼。」、「暗房保留得很好，可以看出來真的很用心在保存珍貴的歷史記憶。」

林曦表示，在鄧南光影像紀念館中，客家女性生活軌跡的紀錄，還有導覽員的詳細解說都令人難忘。尤其佩服他們能夠有如此深厚的背景知識。

身為新竹在地人，卻對當地的工藝產業僅略知一二。左珮柔表示，常聽到很多人小時候來新竹校外教學，都會參觀玻璃工廠。她就在新竹長大，卻完全沒有體驗過，家人也都會覺得那是觀光客行程，不需要特別花錢去，所以決定藉著這次機會體驗吹玻璃。

在體驗過程中，他們與玲瓏窯的兩位師傅聊天。兩位是工廠的第二代，兄弟倆一同接下了父親的玻璃工廠，目前玲瓏窯主要是製作生活中的玻璃用品及玻璃工藝品。特殊的是，玲瓏窯的銷售模式也與時俱進。舊工藝逐漸式微，過去的銷售方法已經不再能提供相同的效益，為了突破經營的困境，更新增了流行的直播來販售藝術品，舊工藝結合網路科技，玲瓏窯正在順應時代的道路上追尋新生的可能。

塹城恍惚

他們在老屋改建的六木咖啡焙煎所小憩，店內擺設的古樸紅眠床帶著他們回到過去，時空彷彿凝滯在阿祖生活的時代。桌面上精緻的茶具來自北埔在地的陶窯，胡均立指出，這些陶器看起來雖然很新，但是卻帶著一種來自過去的韻味。原本以為只是在這裡暫時休息，喝咖啡、吃甜點，卻受到改建老屋所暗藏的魅力深深吸引。左珮柔說，六木咖啡焙煎所是在地的年輕人返鄉經營的，現代化的營業模式融合新竹在地風情與特色，為新竹在地注入了一股新的能量。

行經竹塹城區，莫名的衝突感包圍著四人，他們反思自己與臺灣在地的連結，思索更多在地文化與新時代並存的可能性。如果說臺北是在同一個地點堆疊上不同的歷史，臺南是以不同的空間串連著歷史，那新竹就是介在兩者之間，缺乏過渡與銜接，呈現出一種弔詭的碰撞。新竹正在長出自己的模樣，不適感源於成長期間的陣痛，期盼能夠有更多文史建設的規劃，進一步協調出城市的人文風景。

印象中現代的科技城中矗立著古舊的迎曦門，過去的城門見證了歷史的流轉，守護著屬於不同時代的新竹記憶。林曦說：「迎曦門作為古蹟，卻能見到高中生們播著流行歌曲在練習跳舞，這個感覺很衝突。」左珮柔則說：「走在城隍廟附近的水溝，我知道那其實是舊護城河，但完全不會特別去注意這個歷史事實，我們只想到要趕快走去買飲料，無法把深刻在記憶中的『家裡附近的水溝』跟承載歷史的護城河聯想在一起。」

除了特色形式與人文歷史的探究，民以食為天，食物肯定也是在地文化生成的要素。胡均立對此有深刻的體悟，網路上很多人都說新竹是美食沙漠，但其實他們在新竹吃到很多有意思的東西，具有客家調味特色的韭菜辣醬、遠近馳名的許二姊鴨肉，甚至是民宿附近的早餐店都各有一番風味，在地的味覺上並不是網路上那樣平板，新竹有很多味道值得發掘。

風會再吹來嗎

一同重新梳理整段旅程的脈絡與心得。胡均立、林曦跟洪若菱都表示，彼此之間協調融洽，計畫和踏查相當契合。在結束之後會想要再進一步去認識自己的家鄉，或是探討各個景點裡更深入的文化脈絡，也希望有機會在更小的主題內做一些田野調查。左珮柔認為，能夠以跨山越海計畫的名義與資源去更加深入在地，加入計畫不只是出去玩，更期待可以以自身力量保存與推廣在地文化。

他們非常推薦大家參加跨山越海，分享了準備的方法和需要保持的心態。首先是審視自己過去的脈絡，對於主題想了解什麼，想從中了解什麼，先找到計畫想要關懷的核心主題，並帶上一顆與在地連結且想要自我提升的心。而在時間與經費上，要有夠實際的眼光，像是路線和食宿的安排、金流的規劃，各環節的分工也必須清楚。最重要的是能夠跟夥伴好好討論出共識，不是彼此屆就，在討論與執行的心態上也保持彈性，最終的目標是引發更多在地與人文的關懷。藉由計畫可以更認識與探索台灣，進而推廣更多在地的文化，在舊有的環境中注入新的感受。

故事之所：長濱風景裡的書粥

文／蕭琮翰

少女出走，駐足仙境間

當一個地方只剩下美景，書店的存在意義為何？高耀威栽植小小書苗在遺世獨立的長濱鄉，經過無數風雨和日光，四方寸地之間生長出了文化的根脈，不久之後，幾位少女跋涉前來，把故事帶走。

循著全臺獨立書店的地圖，師大國文系的婁儷嘉選擇見識書粥的特別，偕同歷史系的陳冠恩、杜舜雯以及鄭育潔，懷抱走進更多間書店的希冀，四人浩浩蕩蕩展開了壯遊，一起去到不太可能到達的極東秘境。高耀威在獨立書店界響亮亮的名聲、偏僻但靜謐的看書處，形形色色的短期店主們輪流經營，主客的流動在空間沖刷，故事源源不絕的被書寫，在這裡的幾天，她們重新探究了旅行對於各自的意義，感受著這片風土承載的情感。

上｜採訪婁儷嘉。
下｜團隊前往長濱的路途。

意外帶來部落人情

「特別，是我們選擇長濱書店的最大理由。」延續教育部的感動地圖實踐計畫，婁儷嘉團隊以臺灣三百多家獨立書店為主題，展開東海岸的連貫踏查，從東港到臺東，由臺東至花蓮，最後決定去一個必須得專門去的地方。就意義層面，壯遊起源自歐洲貴族子弟的成年禮，代表個人的修業與挑戰。「靠著自己的能力踏上屬於自己的旅行，這聽起來就非常壯烈，就如同跨山越海這四個字一樣。」這是婁儷嘉從這趟旅程本身梳理出的感言，懷著實踐理想的心態，本質上和娛樂休閒的旅行就存在巨大差異，壯遊階段性的儀式感，呼喚著她們追尋與發掘自我。

事後回顧，前往長濱的壯遊與原先計畫處處偏離。期待已久的拍照打卡，卻在第一天被傾盆大雨所澆熄；以書店為主體的採訪，卻在發現客人們專注閱讀的傾向後產生改變，就連面對打工換宿的短期店主 Karan 時，對方的答覆與團隊預期回應之間，仍存在著一定的距離。然而，就在一切看似要走向完全失控之際，一句陌生的邀約，徹底扭轉了東部書店之旅。

受到部落婚宴的邀請，婁儷嘉她們意外和阿美族人迅速打成一片。原本以為一、兩天內不太可能融入在地，沒想到一個小小的契機，就簡單顛覆了初始的想像。部落居民的熱情填補了不熟悉，熱絡的招待山川野味，將生活在海島上的所有人串連在一起，洗去文明社會的喧囂，領著她們與自然共處，在沉靜中重新認識自己與他者。「誤打誤撞進入部落真的非常令人難忘，一切都衝撞著我們的價值觀。」婁儷嘉說道。喜宴裡，團隊成員積累心中的煩憂不知不覺被沖掉，發現行程被打亂的壯遊反而增添了更多收穫，幾位生活在都市的女子，首次透過部落之眼，瞥見了始料未及的風景。

從書店再認識臺灣

「當計畫沒有順利照著走的時候，會擔心無法得到好的成果，這種使命感帶來沉重的壓力，但也使我們得到成長。」婁儷嘉笑著說。提及壯遊後的改變，「書粥」的影響功不可沒，店內空間陳列的選書充滿個性，為整個書香環境注入了靈魂。不只是賣書，更是無聲傳達對於人文社會議題的濃厚關懷，如此神奇的文化現象深根當地，默默表現對所在土地的愛及滋養。參加跨山越海計畫之前，婁儷嘉她們表示獨立書店和原先生活較沒交集，平時也不會特別去留意在乎，直到採訪書粥，才發現原來獨立書店存在很多議題，大大開拓了眼界。與此同時，婁儷嘉也藉此理解到原來臺灣有這麼一群鮮為人知的奉獻者，致力於把夢想延續到年輕世代，締造珍貴的人文價值。每間書店都有不同的聲音，不僅是老闆個人，還作為到訪客人共通的夢想之地，婁儷嘉認為，自己並非只是因為喜歡閱讀所以才愛書店，而是由於在那裡留下了記憶。

從發現議題到實際了解，團隊更加親近臺灣這塊土地，變得和生命息息相關。婁儷嘉她們後來利用暑假進行獨立書店環島，逐一前往散佈於臺灣各角落的獨立書店踩點，並以 Podcast 的形式記錄分享出去，顯現壯遊之旅開啟了她們另一個領域的探索，未來打算持續經營書店頻道，把故事說給更多人聽。

上｜書粥店門口。
下｜團隊合影。由左到右為杜舜雯、陳冠恩、鄭育潔。

致下位壯遊者

婁儷嘉建議，有志壯遊者在規畫和執行階段都要保持彈性，店家和用餐皆需事前規劃好並溝通聯絡，更關鍵的是無論現場拍攝還是採訪探索，預想和實際一定會有差距，這些落差都要有心理準備，意識到事情不會完美如你所願，然後坦然接受，試著擁抱不完美，有時候反而會不經意擁有更多。參與壯遊根本的條件是要有熱情，不計任何回報付出努力和時間去做，專心完成一個專案計畫，願意勇敢投入嘗試，必定會有所收穫。

Chapter 4

社參拓印

楔子：山海的回音

文／陳其豐

師大文學院自二〇一三年起舉辦「跨山越海」計畫，除了原先結合「畢業旅行」與「成年禮」的「壯遊出行組」，二〇二一年起也新增結合人文知識和服務實踐的「社參拓印組」。同學們詢問偏鄉社區的在地需求，再設計計畫予以回應，投身社區服務。

本章節收錄三個社參拓印組服務團隊，與其合作社區，共計六篇專訪。記錄同學們在一年後，重新回顧發想計畫的契機，如何從無到有，解決困難，及至計畫完成後的感動與收穫；也邀請合作社區談談與團隊共事的過程，以及計畫完成後，當地又有什麼實質上的改變？三組分別是：

聖山下的拓印

地理系陳易欣與人發系趙若谷、楊品捷、黃沛晴、李知穎赴花蓮縣豐濱鄉貓公部落，發現了當地文化傳承的危機，協助記錄阿美族傳統技藝，並充實部落原有「聖山下的部落」粉專。

鳳 sweet 鳳——鳳林社區短期田調計畫

臺史所碩士班陳爰南、陳世偉、盧宥辰、黃奕瑄前進花蓮縣鳳林鎮，與北林三村社區發展協會合作，從文獻探討到實地踏查、訪問當地人士，並記錄林田圳灌溉鳳林一帶的實況。

佇足大洲，筆耕三星

國文系許桐瑋、華文系李旻珊、表藝所黃筠雅與「還想試試工作室」合作，針對宜蘭縣三星鄉的景點寫下詩篇，未來將會徵集插畫高手配圖，應用到三星的觀光推動。

二〇二二年師大人文季「跨山越海・感動出行」活動，因「社參拓印組」的加入而增添了更豐富多元的面向。本章節的的採訪中，將能看見師大學生對於公益實踐的熱情活力，以及同學與社區因此而結下的美好情誼。

祝福與回饋：採訪聖山團隊

文／林意珊

三天兩夜的時間，來自國立臺灣師範大學地理系以及人類發展與家庭學系的五位女孩，陳易欣、楊品捷、黃沛晴、趙若谷與李知穎，一同前往花蓮縣豐濱鄉貓公部落，親身體驗阿美族的部落生活與文化。

團隊的建立

由於知穎在文學院辦公室打工，得知跨山越海的活動資訊後，便找了同為人發系的好友若谷、沛晴與品捷，品捷又找來地理系的易欣，這才成團報名。易欣起初和團隊不熟悉，甚至到出發當天才初次與夥伴見面。易欣說，她不怕生，跨山越海的活動很好玩，可以認識更多朋友，是滿好的經驗。

與貓公部落結緣

易欣認為，社參拓印的除了能出遊還能將大學所學貢獻社會，加上大家也想到花蓮體驗阿美族文化，因此選定了貓公部落作為她們服務的社區。知穎說，和部落聯繫的過程可謂一波三折，按照文學院網站上提供的聯絡電話打去詢問後，才發現該聯絡人並非此計畫的負責人，不太清楚活動情形，好不容易得到了負責人的 Line，卻又常常對不上時間。聯繫過程雖然波折，幸好最終還是溝通成功。

貓公部落的人情味

易欣表示，整個部落就像一個大家庭，每戶人家的餐桌都擺在家門口，家家戶戶互相分享今晚的菜餚，並且歡迎大家來自家門前吃飯、作客。部落中的房子都是相通的，居民都能自由地穿梭其中，而且不擔心竊盜問題。即使團隊成員都來自外地，居民也視為自己人熱情款待、親切地聊天，分享菜餚與住處。

意外的插曲

知穎提及，原以為住處已被安排好了，結果到了當地才發現，原來住處是要自理的！幸好豐濱社區發展協會理事長吳建安知曉此事後，馬上就替她們安頓落腳處，投宿在一對老夫妻家中，由於他們的孩子長年在外打拚，空下的房間便作為團隊臨時的避風港。

文化凋零的擔憂

易欣提到，因為部落的小孩太少，教師員額也很少，文化課老師來後，佔了本就不多的員額，在部落任教很久的棒球教練因此離開，造成有文化課就沒有才藝課的窘境。部落的孩子自此從學校，而不是從部落習得文化。文化課的老師其實並非部落居民，對部落也不太熟悉。團隊很訝異，原來政府熱心為部落所開設的文化課，竟然對部落造成不良的影響！部落耆老的漸漸離世，加上青年的外流，導致部落的文化難以傳承。

旅程的趣事

易欣分享道，旅程中有一天，她們想到阿美族傳統建築「家屋」（類似茅草屋）中取景，大家想說家屋離部落不遠，因此出發時只帶了手機，就連背包也沒帶，不料山中的天氣變化無常，到達家屋後天空就飄起雨來，雨勢還越來越大，而家屋更因為年久失修，屋頂漏水，內部竟下起小雨，這讓躲在家屋中避雨的她們淋成了落湯雞，所幸社區發展協會的人前來搭救，才化解危機。社區發展協會的人還訝異問：「妳們怎麼身上這麼濕呀？」這件趣事，讓團隊難以忘懷。

苧麻手環的祝福

若谷提到，部落當時安排了手作苧麻手環的課程，在部落的傳統文化中，苧麻手環是送給遠行青年的信物，部落的奶奶會為苧麻手環祈福，祈求祖靈們保佑遠行的青年平安順利。這讓戴上苧麻手環的她感動不已！透過苧麻手環，即使現在遠離部落，但還是能感受到來自部落的關心，就像部落期待著她回去造訪一樣。

Silaw 各有所好

品捷說，村長為了款待他們，特別從家中翻出一罐 silaw 出來請他們吃。吳建安解釋，silaw 是阿美族傳統中，以鹽巴醃漬的生豬肉。因為團隊很好奇 silaw 的味道如何，加上村長與吳建安都期待的盯著她們看，她們就試著吃下了。有些人吃完後不太習慣，但若谷說，她相當喜歡吃 silaw，甚至吃了好幾碗飯來配 silaw 吃呢！

感恩、回饋部落

沛晴表示，因為一開始團隊就取得共識想服務貓公社區，而社區也明確列出服務需求，因此才能具體規劃出工作內容，並直直朝向目標前進，這讓她們在服務過程中進行得相當順利。

沛晴說，當初雖然希望服務成果在競賽中能得到名次，但並沒有特別期望得名，只是單純的希望，可以盡她們一點點的力量幫部落宣傳。五位女孩相當感謝部落這三天內的照顧，以及帶給她們的感動，因此，她們將奪冠所得的獎金在扣除交通成本後，全數回饋給了社區。

上｜團隊負責人陳易欣與教她們編織苧麻手環的貓公部落冬花 ina 合照。

下｜左至右依序為貓公部落社區發展協會會長安哥、隊員趙若谷、貓公部落冬花 ina、隊員楊品捷、團隊負責人陳易欣、隊員李知穎、貓公部落美禎 ina、隊員黃沛晴。

文化的風采：吳建安談貓公部落

文／王穎嫻

與貓公跨山越海來相會

吳建安理事長表示，部落一直在規劃開放式的文化產業、觀光合作與體驗訪查，所以當看到同學提出的企劃書後，吳建安立刻答應，並理解團隊的目標。開啟了樂趣多多的產學之旅！

吳建安指出，團隊事前的規劃相當明確，協調上也鮮少有分歧，所以當計劃正式實施後，雙方都能得心應手。部落的熱情亦是此行的一大亮點，吳建安也迅速幫忙團隊招募活動參與者。

團隊的默契讓吳建安為之感動，而最讓吳建安意外的是「生態體驗」的環節，該環節有助於部落文化的推廣，促使民眾願意前來參與活動。

令當地人驕傲的「自然共榮」與「文化衣缽」

吳建安謙遜地說：「這次團隊到訪是個嶄新的交流，讓部落思考自身尚須改善之處！」學生平時在大學、都市生活，鮮少有機會接觸鄉間地區或是社區居民，深知城市人們生活倉促忙碌，很少有機會能與左鄰右舍培養感情，所以來體驗阿美族招待遊客的熱情與生活氣息，部落居民們閒時相聚吃飯聊天，「柴米油鹽」困頓時則彼此幫助。

跨山越海全為一睹風采

吳建安分享，部落的命名是源自於當地蔓生的「Fakung」，在阿美族語意指「文殊蘭」，是一種具有堅韌生命的植物，先民跨山越海來此地，見文殊蘭遍地，即便砍除仍隨即鋪滿大地，故以此為部落命名。族人的名字亦多以自然為名，反映出生態之豐富。

位於亞熱帶的部落，夏天會在床鋪鋪上部落合作耕耘、整曬、編織的輪傘草草蓆。上山時隨身帶著的鐮刀，除防身用途外，只要取香蕉葉為桌布，月桃葉做盤子，再將椰子葉聚合成掃把，就能來場有趣豐盛的野炊，連上山的工作服也是「苧麻」編織而成的！

吳建安指出，每片綠葉都有自己的生命美感，經由這次活動也將部落力推的「綠文化」環保活動裡外推廣的更透徹，更高興團隊與居民都保有「赤子之心」，真誠「玩耍」，不亦樂乎。

生態神秘園 VS. 觀光桃花源

貓空部落靠近日出之處臨海，夏天負責捕魚的族人會乘親手拼裝的小船出海捕飛魚。為感祖先與大地賜予「食衣住行」的安樂，豐年祭也仍保持「登聖山祈福」儀式。吳建安說：「取之於山林，用之於山林。」，體現部落同自然的共生與共榮。

吳建安驚訝於師大學生勤於思學、服務社區，打破他對都市人的刻板印象，讓他覺得無論是團隊還是部落的人們，都在這次計畫中得到「心靈的沉澱」。若是有緣，來年的釀酒節與彩繪也誠摯邀請團隊再次光臨！

吳建安熱情地笑稱：「他們都是我的朋友，部落的朋友！」

靜聽與傾心：鼓動鳳林的心跳聲

文／葉宗昀

當走進田野不再只是為了交出一份課堂報告，師大臺史所的陳爰南、陳世偉、盧宥辰、黃奕瑄四人來到鳳林社區，與北林社區發展協會及諸多文史工作者合作，展開為期一週的「鳳sweet鳳——鳳林社區短期田調計畫」，透過實地踏查、訪問及參與體驗活動，探尋林田圳的起源，同時體驗鳳林的慢城之美。他們將成果剪輯為導覽影片，提供社區繼續推廣鳳林，形成回饋循環。

從課堂出發　一趟自主的田野調查

在研究所課程的規劃下，團隊成員曾到雲林進行田野調查，老師也鼓勵學生利用文學院「跨山越海」計畫，再次走訪當地社區。至於為何選擇鳳林，陳爰南表示家人在當地有居住空間，可以節省住宿經費，同時他也觀察到，鳳林有越來越多青年返鄉，推動地方文史、營造社區，因此當發現鳳林出現在社參拓印的合作機構名單中，便提議團隊走訪。

本著在臺史所受過的學術能力培養，團隊在出發前即先展現考據能力，查閱當地文獻，並在與社區多次討論後，決定以鳳林的母親河——林田圳作為主軸，透過訪談當地居民，串聯鳳林百年來的發展脈絡。團隊成員拋開預設想法，以開放的態度進行訪談。「讓社區說出他們的故事，而不是我們想的。」陳世偉如此補充道。

走入慢城　適合漫步的宜居氛圍

現今工業化的社會，資訊與科技日益革新，逐漸使人們的生活步調越來越快，不重視生態保育。在這樣的社會氛圍下，鳳林走出自己的路，成為得到國際組織認證的「慢城」。回顧當地特色，團隊成員一致讚嘆在鳳林的生活感受。首先，由於生態環境得到妥善保存，自然植被、花海、川流與山脈交織，四人在旅程中所見的一幕幕，皆成為一張張風景畫。

陳爰南指出，鳳林的生活機能兼顧食衣住行各方面，又有良好的空氣品質，儼然是一處世外桃源。盧宥辰感嘆，鳳林的美不是去一兩天就能感受到的，建議到訪的旅客可以在當地待久一點。黃奕瑄接著補充，鳳林是個「宜居」的城市，推薦清早或傍晚漫步其中，感受當地的慢活步調。

訪查社區　當地驚人的文史能量

談及旅程中最令人感動的瞬間，四人皆認為是與社區文史工作者交流的過程。黃奕瑄首先分享，在查找文獻的過程中，發現曾服務於松浦、明義國小等多所小學的廖高仁校長，編寫多本鳳林文化專著，儘管他年近九旬、早已退休，卻仍致力於留下當地的文化紀錄。甚至與團隊訪談時，能夠生動、流暢的描述鳳林自日治以降的演變。

陳世偉接著說，鳳林在日治時期曾是日本人的移民村，至今尚保留部分日式建築。在參訪房舍的過程中，屋主詹錦堂先生大方分享在當地生活的點滴，過程中一度與其子詹根茂兩人趴臥在地，只為把所保存的資料都翻找出來，與成員分享。

陳爰南則對時任北林三村社區發展協會理事長李美玲印象深刻，李美玲帶領地方團隊，

廖高仁校長家中合影。由左至右依序為隊員陳爰南、隊員黃奕瑄、廖高仁校長、隊員陳世偉、隊員盧宥辰。

舉辦花蓮知名的「百鬼夜行祭」，聯結鳳林與來自各地的遊客，透過特色活動創造共同回憶。在李美玲的領導下，鳳林的社區營造不限於特定的文史推廣單位，而能聚集整個社區的力量投入。陳世偉補充，鳳林的特質與發展潛力讓人願意留下，留下來的人也願意投入社區營造，形成良性循環。

與地方學習　再次體悟到的田調心態

「鳳 sweet 鳳」計畫在二〇二二「跨山越海・感動出行」競賽奪得第二名，面對如此佳績，團隊成員感到出乎意料之外，並表示或因帶有歷史的深度，才得到評審青睞。陳世偉自比為十九世紀的國際貿易商人，說明團隊只是盡可能蒐集、記錄當地資訊，提供社區發展使用。黃奕瑄則認為，並非他們為社區貢獻了什麼，反而應該要感謝社區願意讓我們學習。

鳳林鎮箭瑛大橋橫跨花蓮溪，綿延至中央山脈的景緻。

在田野調查方面，黃奕瑄提及，臺史所的教授時常叮嚀「在地人才是老師」，不應在爬梳史料後，對當地帶有既定印象，而應以謙卑的態度、開闊的心胸認識社區。陳世偉和陳爰南認為，生活在當地的人民不一定十分喜愛當地，但願意長時間留在社區，推廣社區文化的工作者們，無論能力與心意，都相當值得尊敬。

由左至右，依序為隊員陳爰南、隊員黃奕瑄、時任北林三村社區發展協會幹事呂妍佩、理事長李美玲。

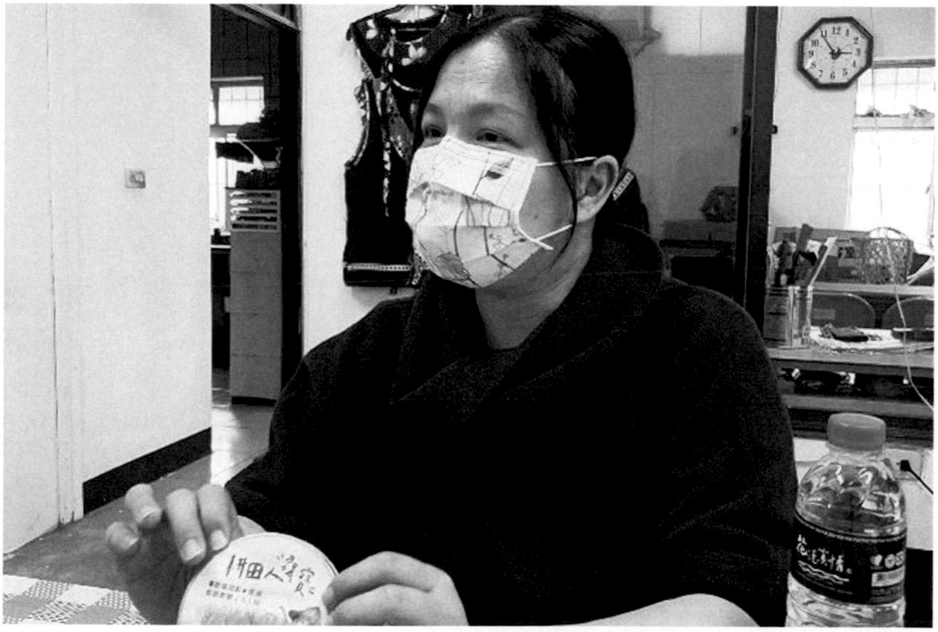
李美玲説明「耕田人尋寶」客語學習桌遊設計。

田野的初心——李美玲談鳳林團隊

文／陳其豐

當地方創生遇見跨山越海

在少子化、高齡化、青年人口外流與城鄉發展不均的情況下，地方創生成為近年來許多國家關注的議題。其概念起源於日本，藉由結合地方特色與人文風情，發展適合的產業與生活方式，吸引青壯年回流。

二〇一九年，行政院立為「臺灣地方創生元年」，早在此之前，花蓮縣鳳林鎮的北林三村社區發展協會，就已開展地方工作。從早期以解決問題為訴求的社區營造，持續發展出具翻轉新意的「百鬼夜行菸樓迷路」、「找到田」等活動。鳳林的地方創生結合在地歷史、產業制定觀光策略，吸引來自全臺的遊客，更於二〇一四年正式通過，成為臺灣第一個獲得國際慢城認證的小鎮。

北林三村社區發展協會在二〇二二年，與師大文學院「跨山越海——社參拓印組」活動小隊「鳳 sweet 鳳」合作，由四位歷史所的研究生安排計畫，以鳳林鎮林田圳為中心，實際訪察田野。

從資料整理、路線安排到田野調查、採訪地方人士，時任理事長李美玲與四位同學不斷溝通，一步步解決問題，希望能在為期四天的訪查時間內，盡量深入環境，貼合在地心聲。

對於田野調查的熱情

自計畫初期的線上協調，到抵達鳳林後的實際相處，李美玲表示，同學們展現出了身為研究生，對考究歷史資料一絲不苟的態度，採訪時也有十足的親和力，與社區居民打成一片。居民們感受到了這群年輕人對於當地的熱忱，遂和同學們從一開始的純採訪關係，逐漸衍生出了朋友般的情誼。

而最令她印象深刻的，是看著同學們無畏險阻，依循尚未完善的歷史紀錄，走入連當地人也鮮少進入的偏僻荒涼小徑。順著源頭一路溯源而下，林田圳無涉政治變遷，始終靜靜流淌，彷彿母親溫暖而堅定的雙手，輕輕撫過鳳林。同學們爬梳歷史資料並實地調查，揭示出林田圳純良溫厚的本質，「他們展現出的專業與誠意，也重新召喚了我田野調查的熱情與初心。」李美玲不禁有感而發。

林田圳的過去、現在與未來

投入鳳林鎮地方創生前，李美玲畢業自鄉土文化研究所，地方史調查與田野研究是她熟悉的領域，主力研究花蓮鳳林、豐田一帶的日治時期移民村。及至今日，她認為人們往往習慣以街道、鄉里等人為規則來認識一塊土地，反而忽略了開墾之初，沿水圳建村，進一步朝四周發散的基本概念。因而「鳳 sweet 鳳」同學深入踏查、記錄林田圳的歷史與現況，提供了鳳林在地的新視野：以林田圳為起步開始認識，擴大成點線面的串連，成為未來鳳林的發展軸線。

北林三村社區發展協會近日正積極徵集導覽解說員，介紹地方景點與故事，為後疫情時代的觀光復甦做準備。李美玲表示，雖然由於計畫經費、時間的限制，本次田野調查的規模較小，然而同學們所做的努力未嘗不是一個好的開始，既有發展成完整主題的潛力，亦是林田圳導覽的珍貴資料。

在跨山越海中找回自己

計畫告一段落後，李美玲更期待參與「跨山越海」的同學們，不要就此停下腳步，持續透過實際的田野感受，認識在地，察覺社會真實的問題；並以身體力行的精神，找出處在未來社會的應對方式，從而找回自己，安頓身心。

從社區營造到地方創生，李美玲持續在鳳林鎮推動更多新穎、多元的活動，將自然環境納入生活底蘊，翻轉文化歷史為創意來源。而這亦是「跨山越海——社參拓印組」的核心意旨，保存延伸在地的美好聲腔，成為不斷迴盪在山海間的回音。

交心與詩篇：以對話融入三星鄉

文／邱蔚程

以實際寫作一份企劃書為契機，師大國文系的許桐瑋、師大華文系的李旻珊，以及師大表藝所的黃筠雅組成團隊，和宜蘭三星鄉當地團隊「還想試試」工作室合作，執行「佇足大洲、筆耕三星」計畫，實際走訪當地並寫下十首專屬於三星，可用於當地未來觀光的新詩，得到當地社區的熱烈迴響，以極高的票數拿下了二〇二一「跨山越海・感動出行」競賽的最佳人氣獎。

人心之間連結的力量　就是最完美的拉票魔法

談及計畫獲得最佳人氣獎的原因，許桐瑋表示，應該是計畫內容成功激盪了三星鄉民的在地認同感。「就是一種：『對，這就是三星』的感覺。」黃筠雅補充道。

而對於在競賽中拿到了比其他所有組別加起來都還多的票，許桐瑋坦言，他們直到投票截止前兩週才發現投票已經開始，也才知道得自己去拉票，但早在他們發現之前，就已經取得了一定的票數。而後，許桐瑋也聯繫師大蘭陽同鄉校友會，希望他們幫忙投票，一樣取得了可觀的成果。黃筠雅認為，積極主動地去發問、和當地人聊天、建立關係是他們能取得這麼多票的一大因素。「我們是真的跟當地產生了真正的連結。」對於拿下最佳人氣獎的關鍵，黃筠雅如此總結道。

大膽的突發發想　創造自由的感動回憶

提及三星鄉吸引人的特色，三個人都提到「人」。李旻珊說，雖然當地居民不多，但很團結，人跟人之間連結很緊密，而且不會排外，即便是對待外來者，一樣張開雙手歡迎，從外地來的人也很容易受到當地的氛圍感染，想要留在三星生活。「我覺得最大的特色，其實就是三星的人。」

而黃筠雅也提起三人執行計畫過程中最感動的瞬間，是他們在旅程的最後一天，詢問「還想試試」工作室的合作夥伴，要不要和他們一起煮火鍋？結果對方不只答應，還邀請了包含整個工作室團隊、親戚、朋友等人一同參與，在一起備料的過程中，充分感受到像家人一樣的對待。許桐瑋則說，在火鍋宴中交流了各種想法和經驗，「開啟了我們更多對話的可能。」

說完三人共同感動的回憶，許桐瑋也分享他自己覺得感動的瞬間，是其中一天結束行程要回民宿時，由於正常路線得繞過大片水田和水圳，疲累又淋著雨的他們突發奇想，決定嘗試走田埂，穿過水田直線走回民宿。許桐瑋表示，走在田埂上，看著水快速地從身下流過，突然有種小時候走在平衡木上的感覺。「這真的是一個非常自由的決定，我們就是說：『好，走！』就走了。」黃筠雅補充道。黃筠雅接著作結，這種非預期的行程，讓他們更深入探索三星鄉。

人數上的困境　靠高效率與自律來突破

「我覺得比較錯愕的是，居然沒有人要去宜蘭。」對於過程中最大的挫折，李旻珊坦言，一開始因有寫詩經驗才加入這組計畫，但沒想到，扣掉團隊中身為指導者，不希望過早出手幫忙的黃筠雅，人數居然只有兩人。許桐瑋也說，當時才剛學完企劃書寫作，又看到別組有五、六個人，頓時感到很無助。黃筠雅接著表示，還好三人不只效率高，做事也有規範，因此突破一開始的困境後，就沒再遇到什麼困難，後續的旅程不僅很順利、也很歡樂。

把握一輩子也難得的機會　朝社區參與勇往直前

「如果沒有這個活動的話，我們可能一輩子都不會去做這樣的事情。」談到為何選擇參與計畫時，李旻珊說。許桐瑋也認為，平時大家常說要在地參與、在地生活，但實際上很少真的在生命裡實踐，既然剛好有這個機會，就試試看。

許桐瑋表示，他們的計畫其實分為兩階段，第一次是走訪和寫詩，第二次則是以助教的身分，協助舉辦一場運用他們詩作的闖關活動「詩遊趣」。許桐瑋也分享活動中的體悟，他表示，平時不太習慣和年長者對話，但許多年長者報名「詩遊趣」，當天跟他們對話，幫助他們解決問題，僅僅一天就抵得上他一年和長輩說話的字數了。黃筠雅和許桐瑋也分享，原以為大家會想盡快寫完詩卡上的詩，闖到下一關，但實際上，當天許多參與者都認真地寫下詩，也有細細品味詩的內容，讓他們很感動。

詩歌的星子：劉展佑談三星團隊

文／王穎嫺

跨山越海社區詩歌齊創新

或許始於競賽的無心撮合，但與團隊合作的過程，感嘆光影與歲月的同時，也感到驚艷無比，位於臺灣東區的宜蘭，不同於臺北東區的熱鬧，宜蘭是塊鮮少人涉足的寶地！

作為此次活動的負責人，劉展佑平時的活動愛好是「詩歌創作」，這也成為此次文化與地方創新的一大助力。行前，團隊做背景資料蒐集，致力了解並嘗試發展三星地區在地文化特色，大膽創新，企圖整合社區資源，活絡地方、注入能量，並針對工作室所提需求，團隊提出「佇足大洲，筆耕三星」的目標。

這讓展佑大讚，學生行事能力超乎預期，他十分珍惜此次的合作機會。

對詩詞與社區的共同愛好

由於精心的事前規劃，活動過程妥當安順，「無風無雨」，為此，展佑歸功於團隊的小隊長，表示計畫活動的成功絕非偶然。

展佑本身很喜歡詩歌，除了發掘理想，展佑認為無論作為宜蘭、三星人、臺灣人，我們都需要有落葉歸根的精神，我們應該更熱愛這片土地，而這次的活動就是個圓夢的過程。

活動中大家一起把詩句製成詩卡，然而「手作」過程中難免有費神失誤之處，這時團隊合作的重要性發揮。展佑表示，團隊的小領袖展現出豐富的帶隊經驗，共同組織組員內容分工，合作安排手作所需的媒材與實際操作次序。

展佑為此表示，三星鄉很幸運，師大的同學有豐厚的人文素養，也能轉譯知識，能落實與人文結合的目標，亦為在地留下寶貴經驗。

跨山越海只為認識自己

給展佑留下深刻印象是一起「開伙」吃火鍋時，團隊與其閒談到每個人當前的理想時，展佑在那一刻看到學生的活力與光芒，團隊有著明確的目標：「將詩歌融入當地，發揚本土更譜新曲。」在大洲車站進行成果發表，看著豐富滿足的資料，大家提出自己對社區的願景及路上的感動。

展佑笑嘆，數位時代來臨，善加利用三星鄉圖書館的「數位機會中心」，可以讓在地居民進行「點對點，面對面」的全方位學習。

學生是否可以達成「產學合作」，野炊讓學生認識到環保的重要，同時了解社區發展，團隊探訪應明確有向心力，每個人都肩負自己的任務，都應該給自己「三星」好評。一起呼吸山林的好空氣。雖然現在觀光客人數不多，期待充滿創意的體能活動能讓宜蘭的好山水，綠林美食吸引更多的人潮。

Chapter 5

山海狂想與人文轉譯

揭開幻想的面紗，展演屬於你的瘋狂與精彩。

楔子：獻給所有狂想家

文／鄭羽珊

一群患上了狂想病症的人們，敲奏著宣告啟程的鐘響，鼓動內心潛藏的暴風雨式瘋狂，乘風破浪、吟嘯而行，開展屬於自己的壯遊故事。在發想實踐過程中，雖然不一定會立刻被所有人接受，或許還會招來嘲笑，但難道一個人連在幻想中縱情玩樂都要感到難為情嗎？所以，踏出改變現狀的第一步吧！在冒險中奮力掙扎吧！不管是幻想還是現實全都超越吧！盡己所能探索充滿謎團的山海，直至一睹前所未見的風景。讓我們來欣賞暴風雨過後映漾的一幅絢爛七彩畫集。透過展演這些故事歷程，將你席捲於狂想的山海中。

有別於傳統結合畢業旅行與成年禮，邀請青年學子跨山越海的壯遊活動。這些浪漫的拓荒者，進一步將親近生態土地和人文歷史之冒險養分，實踐應用於社會中，用不同方式關懷土地，以及在這之上生活的居民。以勇於挑戰未知的狂想者姿態潛伏，在別人還沒行動時，用超越常人的執著全力奔馳，率先大膽開拓地方的生命力，為跨山越海活動蛻變出新形態。

比方說鼓勵大家享受旅行和自由，擁抱未知的盲旅 Blind Tour 團隊。你是否曾經有過這樣的想法：我好想直接出發一場旅行，什麼都不要規劃。盲旅 Blind Tour 團隊設計未知元素，裝入對旅行與土地真摯的愛，讓旅行者深度體驗旅遊過程，以輕盈的步伐走入在地前線，親身感受路途中每個人物、風景和土地的美好，洗去日常生活積累的枯燥煩悶，在生命之中點燃簇簇火焰。此外，盲旅 Blind Tour 團隊更透過合作，包括縣市政府和品牌企業等對象，以行銷經營與設計行程的能力與經驗，深度串連社區，將地方或產品特色融入旅行中，藉此吸引大眾前來參與活動，以達到推廣目的。深入臺灣土地開發旅遊之餘，更從零到一的扶植在地，為營造社區盡一份心力。

又如帶領民眾深入農家體驗，品嚐土地原汁原味的臺灣藍鵲茶團隊。透過打造無農藥上游集水流域，守護生態環境，讓自然萬物與農村共存共榮。產出不施農藥與化肥的茶，打造友善耕耘的生物棲地，並建立自有品牌提升作物價值。其終極目標在以「流域收復」的方式，建立一個自然永續與經濟發展互利共生的雙贏局面。為了召集農友加入契作行列，臺灣藍鵲茶的創辦者黃柏鈞從偏鄉教育出發，逐步建立與當地居民的信任關係，深入交流合作，同為臺灣土地增添一份欣欣繁榮。

另外更有一群懷抱著不同夢想，從世界各地前往師大的外國學生，對於新年度跨山越海活動發出狂想。透過詢問這些外籍學生，於師大生活期間的感受、接收資訊和融入學校的困境，以及參與活動的經驗等，進一步連接到對於跨山越海活動的想法，為青年壯遊故事集捲起一股異國風暴。

這群人一如拓荒者，耕耘未被看見之臺灣角落的貧瘠土地，播種、沃土、灌溉，開拓在土地上生根的力量。然而，幾乎所有青年夢想家都曾在傳統限制下受挫，在實踐幻想過程中的舉步維艱，不知道下一步該往何處的無助與孤獨，總是令人想要回到舒適圈。這不正和跨山越海活動，挑戰自我極限的冒險犯難精神相合嗎？如果不跨出腳步，就無法將狂想化為現實。即使逆風亂流、驟雨肆虐，也毅然決然乘遊其中。試著傾聽在你心中迴盪的啟程鐘響，在這片狂想風暴中染上屬於你的色彩吧！

盲旅——踏上未知的旅程

文／林佳蓉

盲旅是什麼

盲旅是一種全新的旅行形式，直到接近出發的那一刻，旅人才會知道出發時間、目的地，其餘一切都是「未知」的狀態。

盲旅希望能讓旅人在旅行之外，還能與當地居民互動，了解這塊土地的人文、歷史風情；而「未知」這個因素，也能讓人在過程之中抱持著期待感，願意去冒險、突破自己。

如何實踐理想

盲旅執行長廖儷雯 Wendy 表示，一開始的想法其實非常簡單：比起帶團遊，他們更喜歡與當地交流、聽見人們的故事，因此最初只會以成本價販售給身邊的朋友，帶著朋友一起去旅行；後來，因為某些行程有最低成團成人數限制，他們便開始在臉書粉專上發布相關資訊以招募人員。沒想到，反應比想像中的還不錯，發現大眾對這樣的旅行是有興趣的，創業的想法就此誕生。

決定要創業後，盲旅團隊便開始問卷調查客群主要來自哪裡與想要的旅行地。選出地點後，盲旅會先調查觀光客主要去的景點，了解為什麼觀光客想去，而當地是否有故事可以講述。

「這是很重要的步驟。」Wendy說道：「很多人到了一個地方玩，都只會記得當地有什麼特產，卻不會想去了解那個地方的歷史。」

在規劃行程時，盲旅很注重有什麼是「都市人接觸不到的」，由於大部分盲旅的客群都是臺北或臺中人，大家生活在城市中，因此希望讓都市人有機會接觸到平時不熟悉、不了解的產業或故事。雖然景點與傳統旅行社對比顯得樸實無華，但盲旅認為，重點是與在地人的互動，透過自己去探索、提問，個人的收穫會更多。

盲旅選出的第一個旅行地，是桃園。在實地訪查的過程中，他們發現到：除了大眾熟知的大溪豆乾，其實桃園有許多製作神桌、家具的店家。盲旅訪查一間木工坊，透過與店家的對話，了解當地木業的發展過程：實際上，當地以木業起家，是臺灣出產木造神桌的主要據點，但後來中國工廠興起，當地的木業因此逐漸沒落。

店家在與盲旅團隊聊天時，提及了他們曾有轉型的念頭，但卻因為不知從何做起，只能一直原地踏步；聽說了他們的想法後，盲旅團隊提出幫忙發想轉型的提案，視木工房及周邊居民為一個社區，替他們從日常生活取材，找出值得發展的特色；而在雙方的努力之下，也讓當地重新找到自己的特色，成功轉型。

Wendy 也說道，許多店家在第一次聽說他們的提案時，都抱持著懷疑、困惑的態度，覺得一群大學生真的能做到這些事情嗎？但在彼此互相了解、深入溝通後，雙方都能建立起良好的信任關係，一同為社區營造努力。

過程中的困難

創業至今已六年多，盲旅在過程中也經歷了不少挫折。「這都是我們的辛酸血淚史啊！」Wendy 在講起這段故事時，面帶苦笑的說著。

盲旅曾被抄襲幾次。有一些旅行社看到盲旅成功的案例後，偷偷派人參加盲旅的行程，再私底下聯絡店家、廠商，想買斷與他們的合作，並要求廠商不得再與盲旅合作。

雖然抄襲的事情讓盲旅團隊十分疲憊且不悅，但值得欣慰的是：許多廠商被其他旅行社私下聯絡後，選擇告訴盲旅團隊。Wendy 自己認為，也許是盲旅團隊的策畫，更能達到廠商的需求吧！

除了抄襲，盲旅團隊工作至今也經歷了許多困難。儘管一路上波折重重，但盲旅團隊依舊堅持他們的理念：讓人們在娛樂之中學習，並且與當地建立起羈絆。為了他們的理念，也為了支持他們的旅客與商家，就算諸多艱辛，盲旅仍舊不放棄。

上｜盲旅執行長 廖儷雯 Wendy。
下｜盲旅工作團隊合照。

盲旅的發展現況與未來方向

隨著時間與社會的轉變，盲旅的形式也有了不同的樣貌。

在起初，盲旅主要以冒險為題，強調與自然或是人文的互動，行程中可能會需要旅客嘗試突破自我；而藉由「未知」包裝，則讓旅客抱持期待、願意去嘗試一些從未做過的事情。

當時，盲旅的主要客群都是一些想冒險犯難的二十出頭大學生。隨著團隊逐漸發展，目標客群從大學生轉變為社會新鮮人。Wendy 解釋，除了公司未來規劃的轉變之外，許多行程所需的預算較高，因此有時間、又能負擔較高金額的社會新鮮人便成為更合適的群體。

近期，盲旅則專注發展「議題性」的行程。雖然許多上班族沒有時間進行一日遊甚至是兩天一夜的旅程，但人們對於議題性的行程相當有興趣，舉例來說：酒店文化、白色恐怖或是媒體識讀等都是現代人

旅程中給予指引的盲旅包。

關心的議題。這些行程，時間縮短，上班族可於下班時間後去參與即可，更容易招到足夠的人數成團。而旅程的「未知」，也從原先單純對於行程的未知，轉變為對過程中人事物的未知，反而更激發了人們對於未知知識的好奇，因此成為議題性行程的主打特色。

雖然較少像初期一樣的冒險或人文體驗，但盲旅也會幫個別團案設計客製化產品。譬如車廠想要宣傳自己車子的性能，盲旅則會依照車廠給出的性能，替他們做出合適的旅遊計畫，而車廠便能讓登記試車的民眾體驗，達到宣傳效果。

談及現今疫情之下的影響，Wendy 想起對他們而言相當遺憾的事情：在二〇二〇年，盲旅原先與日式酒店一同策展，希望藉由觀展，讓民眾解開一些對於酒店文化的成見。但沒想到，因為疫情，展覽被迫取消，計畫被中止。雖然相當遺憾，但這也使 Wendy 想起之前沒有機會嘗試的「數位旅行」。於是，他們設計出一個聊天機器人，藉由那個機器人，帶領民眾進行線上導覽；而後盲旅也製作出與白色恐怖有關的線上解謎遊戲，不少大學也與盲旅合作，讓學生藉由遊戲學習、激發創意；Wendy 也表示，如果有機會能與師大合作，討論如何利用數位進行人文轉譯，讓更多學生接觸到這些議題，會是他們團隊相當樂見的事情。

迄今的心得

從二〇一六年創業，到了現在，雖然過程波折，但團隊也收穫不少。Wendy 說，無論是早期做的人文、自然體驗，還是現在的議題性行程，大家都成長了許多。特別是議題性行程，團隊需要做更多功課，個人也能從中學習。

而除了自身的成長，也有許多旅客與合作商家的回饋都使他們備感欣慰。

曾經有一群已經六十幾歲的阿姨們報名出遊，結束之後，盲旅團隊收到聯繫才得知，其中一位阿姨在旅行的過程中，找到內心真正的平靜與渴望，因此毅然地辭掉工作，選擇順從自己的想法生活。

此外，還有一個使 Wendy 印象深刻的故事：有一名年紀與 Wendy 相仿的女客人，當時旅程中的最後一站是去一位音樂錄音師的家中。那位音樂錄音師與女客人身上都背負著類似的故事，透過對話，兩人互相治癒了彼此，讓那位女客人重新找回活下去的動力。

Wendy 也提到，桃園的木工坊與周邊居民在多次與盲旅合作後，不再只是跟從盲旅的安排，開始會主動參與旅程規畫，並凝聚出了社區意識，彼此互相支持，努力營造一個更好的社區。

對於未來想從事類似行業或自行創業的學生的建議

提及剛開始創業的時期，Wendy 笑稱創業其實是一個很衝動的行為，但這正是因為年輕人的衝勁，使他們可以不用擔心其他負擔，所以先做就對了。

「我們永遠都不會有規劃好的那一刻，不要害怕問題會一直產生，更重要的是有解決、分析問題的能力，而且不會因此煩躁。」Wendy 認為這才是創業最重要的事情：「直接做，做了就會學到了。」

盲旅團隊工作時的照片。

盲旅的理念

回想盲旅創始的理念，Wendy 認為有一點從未改變：在一趟旅行中，可以在娛樂價值之上，更認識這塊土地的文化與知識。盲旅認為最重要的是，在旅程結束後，旅人一定能認識這個地方的人文或歷史；而這些認識，能讓當地、又或是個人，都可以重新找回自己的價值，並為此繼續努力生活。

讓坪林茶產業高飛的臺灣藍鵲茶

臺灣藍鵲

文／吳秉容

因緣而生的臺灣藍鵲茶

臺灣藍鵲茶的創辦人黃柏鈞，自臺北大學自然資源研究所畢業後，先在荒野保護協會工作，之後轉任中華民國野鳥學會的祕書長，因緣際會下承辦勞委會（現勞動部）的多元就業方案，原本的任務是以陪伴模式，深耕坪林茶農的導覽與商業能力，然而真實世界的發展，全然不是規劃中的想像。

黃柏鈞任職於中華民國野鳥學會時，學習到日本東方白鸛有機米的耕作方法，因此向坪林茶農提出全面重視棲地保全與農業的商業產製茶葉模式，黃柏鈞認為臺灣當時還沒有這個概念，因此想試著在坪林這塊土地上落實，於是在二〇一二年註冊「臺灣藍鵲茶」商標。「臺灣藍鵲」與「茶」是食物鏈的關係，臺灣藍鵲會吃蟲，蟲會吃茶，因此臺灣藍鵲茶最初的理念就是強調棲地與整個生態鏈的保全，產出無農藥無化肥的有機茶葉。

黃柏鈞表示，觀察日本東方白鶴米運作時，發現他們已經從非營利組織（NPO）的角色轉換成企業營利的模式，因此臺灣藍鵲茶一開始就是以企業的角度切入，理想的目標是坪林當地茶農產出有機茶葉，並與臺灣藍鵲茶團隊攜手合作，結合企業契作與農學體驗服務，兼顧環境保育與商業營利。畢竟環境保育固然重要，但也要讓茶農有營收、看得到未來，他們才會願意從原先慣行農法，亦即灑農藥的方式，轉變為有機耕作。

風雨中的歷練與重生

而推動有機的過程其實困難重重，因為坪林茶田多是小農種植，每塊梯田相距不遠，若鄰邊田地採用的是慣行農法，中間施行無農藥種植的田地就會慘遭茶蟲攻擊；如果茶農決定轉作有機種植，過程中約有三年的轉型期會減少收益，如此漫長的陣痛期使茶農們望而卻步，即使黃柏鈞強調保證收購，初期願意投入的農家仍寥寥無幾。

那要如何說服茶農呢？「一切先交朋友再做事」黃柏鈞說道，「所以不是我們幫助農家，而是一起合作把品牌創造出來。」黃柏鈞表示，在推動臺灣藍鵲茶的過程中曾引入「課輔」此一觀念，請大學生幫農家孩子輔導課業。過去說服一位生活困苦的茶農放棄使用農藥時，曾被他一口回絕，於是黃柏鈞先找了一位臺大物理系的學生幫忙茶農的第四個孩子課輔，讓他成績從原先四十幾名躍升至十幾名，成果顯著使茶農增加對臺灣藍鵲茶的信任，最後答應和團隊合作。

除了和茶農「搏感情」，還有兩個核心策略，一是公眾參與地理資訊系統工作坊，一是社區參與式定價。前者能協助團隊凝聚共識，做出符合公眾利益的決策；後者則強調先從生產端訂定價格，茶農可以參與定價，雙方協調出一個合理的收茶價格，避免茶農受到剝削。而這兩個策略就是茶農願意和臺灣藍鵲茶團隊合作的關鍵因素。

就在黃柏鈞考上臺大城鄉所博士班，以理論落實農業實踐而有了第一批坪林茶農的加入，臺灣藍鵲茶團隊也逐漸步上軌道之際，兩件事的發生，使黃柏鈞墜入人生最低潮、最黑暗的一段時光。

二〇一四年盤商失信跑盤，茶農的收成不能辜負，因此黃柏鈞硬著頭皮用學生貸款兩百多萬買下八百斤茶葉（公司因此稱作八百金），面對銀行的還債壓力，黃柏鈞表示，最慘的時候，身上所有的錢只剩下三十四塊，連吃一餐都沒辦法，更別說是養家！

然而屋漏偏逢連夜雨，貸款償還的同時，又面臨團隊內部的分裂。臺灣藍鵲茶團隊本身是由黃柏鈞創辦，再由就讀博班時原來的指導老師和其碩士班臺大城鄉所的學弟妹們組成，然而多人對茶葉品牌的經營想法不同，甚至相互衝突引起內部紛爭，關鍵在於碩士班學生將指導老師當成老闆，因此形成多頭馬車的決策亂象，黃柏鈞強調「社會企業」還是企業，一定要專注在營業額上；然而碩士班學生則多在執行一次性的活動。面對資源有限的情況，貸款是黃柏鈞在負責，學弟妹們則以學生社團模式運作，以至於花錢缺乏規劃。更嚴重的是，當黃柏鈞投入時間在以藍鵲茶為題之研究期刊投稿時，基於信任將公司大小章與帳本託付給學弟妹們，等到發現時，才驚覺帳目上的餘額只剩下四十萬。黃柏鈞要求學弟妹們拿出流水帳，但沒有一個人拿得出來，再要求學弟妹們入股合作以更具經營責任，然而因媒體光環總是會落在貸款的創辦人身上，因此他們堅持如要出錢則要成立新的公司。雙方協調不攏，團隊面臨拆夥的命運，最後黃柏鈞被踢出經營的臉書，員外變外人。

面對如此巨大的打擊，黃柏鈞沒有時間沉浸在悲傷與自怨自艾當中，畢竟貸款的問題尚未解決，黃柏鈞最後決定重新起灶，於二〇一五年成立八百金股份有限公司，並招攬新的團隊，重新調整步伐、收拾行囊，邁向嶄新的未來。

回首過往，黃柏鈞語重心長的說道，創業絕不是浪漫的想像，任何一個人進入社會到公司上班，公司倒閉，說實話就是換一個工作，甚至還有《勞基法》的保護；但創業不是，一個人創業的時候剛好都是他人生最精采的黃金十年，若失敗了要重新來過，幾乎是換了一個生命！「所以我建議年輕人，創業之前要深思熟慮，一旦投入則要全力以赴。」黃柏鈞強調，「足夠的資金、足夠清楚的想法、具有獲利模式的產品、堅強的團隊，這四個元素不可或缺」。

曙光中展翅高飛

八百金股份有限公司成立後，相較過去的團隊多屬環境背景，新的團隊更聚焦於商業的運營。團隊向合作茶農以高於市面的價格收茶後對外販售，黃柏鈞表示，現階段銷售茶葉的方式有三種，除了延續過去施行的企業契作與農學體驗服務，目前更將重心放在個人銷售的部份。

所謂企業契作就是企業認養一塊農地，以插牌的方式標誌這塊農地的所有權，每年茶葉採收後，認養企業能直接將所獲茶葉作為企業的伴手禮，贈與其 VIP 客戶，而這些客戶通常也是某一企業的老闆，他們就會知道臺灣藍鵲茶這個品牌，進而購買。此外，企業契作也透過讓公司員工參與工作假期，將品牌觸及更多元的參與者，可謂一舉兩得。企業契作是八百金團隊目前最關鍵的營業額來源，佔百分之五十一。

而農學體驗服務就是指採茶體驗，八百金團隊培訓茶農如何向民眾解說及辦理體驗活動，讓茶農不僅是生產者，更從一級產業走向三級服務業。而消費者進入深山農家，穿上繡套、戴上斗笠到茶園，體驗採茶、古法炒茶、手工揉茶等活動，最後烘乾處理過後的茶葉讓消費者帶回家品嘗，再加上茶園生態觀察的課程，一日茶學體驗既充實又收穫滿滿。

現階段企業契作和農學體驗服務佔團隊營業額的絕大部分，黃柏鈞表示，接下來會將重心放在個人銷售這個區塊，也就是 To C 的市場，將產品透過各種通路，如便利商店、大賣場、網路等，直接販售給消費者，「目前個人銷售的部分僅佔營業額百分之二十七」黃柏鈞說道，「這是我們未來努力的方向！」

隨著八百金股份有限公司的成立與擴大經營，黃柏鈞深覺原先「棲地保全」的理念不夠完整與清晰，於是在二〇一六年提出「流域收復」這個核心概念。流域收復是一種農商整合模式，關鍵在於同一集水區的整合，以臺灣藍鵲茶這個品牌而言，透過整合北勢溪上游，上德溪、漁光溪和大粗坑溪這三個集水區的茶農，推動友善農業達成無農藥流域，增加品牌價值、促進商業營利，讓更多人願意參與環境友善耕作，成就環境保育與商業營利的互榮共生。

經過坪林茶農與八百金團隊的努力與合作，「流域收復」成為臺灣藍鵲茶品牌最核心的價值。黃柏鈞提到，目前合作夥伴共十五位茶農，二十五片茶園，未來希望能持續增加，目標是建構上游集水區為一無農藥的流域，讓萬物生態與農村共存於集水區，強調「產出不施農藥與化肥」以及「生物棲地」，透過建立自有品牌，不僅提升作物價值，也實現環境保育的理念。

上｜八百金團隊所舉辦的採茶體驗的合照。
下｜企業契作的插牌標誌。

疫情下的願景與展望

近年來面對疫情的肆虐，黃柏鈞表示營業額並沒有受到影響，反而一直增加，最大的改變在於企業內部的盤整。「未來我們要在坪林開一家獨立書店；大家都說這個年代開書店一定會倒，但我們發現坪林環顧左右全都是茶行，與其和鄰居競爭，不如透過書本作為載體，以文化創造茶葉的下一個十年，更與農家一起對外打群架」，黃柏鈞說道，「透過文化部的支持，我們以書店作為策展場域、流域收復推動中心，還有農家說我們是坪林百年來第一家書店……」。

此外，黃柏鈞表示，現階段也正努力發展數位契作系統，希望透過人工智慧引擎建立完善的生態資料庫。

臺灣藍鵲茶創辦人黃柏鈞在採茶體驗開場時，對消費者說明流域收復的重要性。

所謂數位契作系統，就是讓大眾透過數位化的角度，了解茶園生態與產銷履歷等，藉此能達成三個目標：一是生態可識化，透過拍攝茶園植物照片上傳人工智慧引擎，使引擎得以自動辨識茶園生態；二是信任可識化，這個部分會在未來與區塊鏈結合；三是履歷可識化，邀請品茶者記錄茶的風味，並將所有資料匯入大數據系統中，創造出「公眾參與式的茶風味輪」。

「傳統產業一定要質變，一定要與科技結合，未來才會有希望！」這就是黃柏鈞的堅持。

迄今的心得

臺灣藍鵲茶品牌與八百金股份有限公司的創立，對黃柏鈞而言是一段奇幻冒險，參雜著心酸淚水與驕傲光榮。採訪過程中，黃柏鈞高興的說道，二〇二二年八百金股份有限公司獲得國際[1]B型企業認證，是國際認可的好企業。

除了美好的一面，黃柏鈞也提到，在販售茶葉的過程中，常遇到盤商跑盤的問題，即使簽約

1 B型企業：B型企業的產生，其目的是希望解決社會和環境的問題，透過B型企業重新定義企業的成功，並且建立一個更永續、且對環境更友善的經濟。主要推動B 型企業認證及維護管理商業影響力評估（B Impact Assessment, BIA）之標準工具，其願景是使企業的目標不只是在於「成為世界最好的企業」，而是「對世界最好的企業」。要通過B型企業的認證，須經過一系列嚴格的標準評估，包括：公司治理、員工照顧、友善環境、社區經營與客戶影響力等五大面向，檢核企業「全面性」的現況表現。（https://simplegreenlife.tw/sustainable/sustainable-tips/b-corp/）

也沒用，規模比較大的盤商根本告不成，最後八百金團隊向茶農收茶的成本只好自行吸收。此外，團隊也抓到過一些合作的農家在茶園偷偷灑農藥，「千萬不要認為宇宙所有人都是好人，絕對不是！茶葉製作有各種眉角，今年為何會暴增這麼多？這絕對有問題。」黃柏鈞說，「千萬不要想得太美好了，這就是工作，進入田野你一定要聰明，不然就會被耍得團團轉，這太重要了！」

黃柏鈞認為，一路走來雖然屢次遭遇商場上的現實與殘酷，但最大的收穫就是和茶農之間互信的交情，以及八百金團隊內部彼此扶持、共同成長的情誼，「因為有他們的支持，我才能從不斷的失敗中，鼓勵自己繼續往前！」黃柏鈞感慨的說道。

右｜臺灣藍鵲茶營運長林宜平帶領小朋友，做生態觀察的行前訓練。
左｜生態調查。

跨山越海的可能性？潛藏在師大的異國生力軍

文／林昀學

新提案的起點

在《你敢不敢？為自己勇敢一次：二十六個青年壯遊臺灣的故事》以及雲門舞集文教基金會所成立的「流浪者計畫」中，記錄了無數動人的壯遊故事。跨山越海計畫並沒有如此豐厚的預算支持，但若是加入新的元素——外國學生，共同與文學院同學壯遊，或許在有限的條件下，也能創造新的壯遊模式。提供多元視角，關注更多議題。

壯遊風氣在歐美國家盛行已久，歐美學生自己規劃、實踐壯遊是相當自然的事情。他們對於壯遊的想像力、實踐力[1]正是臺灣學生所缺乏的。師大校園內有許多外國學生，跨山越海計畫

1 羅婷，〈用滑板看臺灣！美籍男「溜」452KM 探索寶島美景〉，TVBS 新聞網，二〇一四年八月四日。張修維，〈歷經懷孕生子，帶嬰兒都要繼續單車環遊世界〉，《親子天下雜誌》90，（二〇一七年六月一日）。佚名，〈國際青年壯遊家遊臺灣　創意點子玩不完〉，Media 愛傳媒，二〇一二年十一月十四日。

有了他們的加入，有助於刺激本國同學壯遊的深度、廣度。回顧臺灣過去的壯遊經驗，不乏臺灣學生與外國人共組隊伍壯遊的案例。從教育部青年發展署的報導中，可以看到學生外語交流的成長[2]。在TVBS新聞網的報導中，也可見外國人對臺灣壯遊的高度興趣[3]。《你敢不敢？為自己勇敢一次：二十六個青年壯遊臺灣的故事》這本書中，也出現外國學生刺激臺灣學生行動力、想法的例子[4]。以上這些故事，正是跨山越海新提案靈感的基礎，同時也為新提案提供了成功的先例。

跨山越海的新提案

一、增設國際交流組，組員需有一半是外國學生。跨山越海計畫除要求隊伍裡至少要有一名文學院學生外，並沒有限制參與對象，目前仍以文學院學生自組隊伍為大宗，鮮少有同學願意跨出文學院，與其他學院同學組成隊伍。以設立新組別的方式來鼓勵同學多接觸外國學生，可以促進文化、語言交流。可比照去年增設社參拓印組的方式進行辦理。

二、推動學生跨學院合作。延續第一點的想法，為了促進文學院學生向其他跨領域交流、合作，

2 教育部青年發展署，〈18歲環島壯遊夢想　外國朋友也來體驗學習〉，教育部全球資訊網，二〇一八年九月十八日。

3 魏嘉良，〈3男壯遊臺灣　2外國女生跨海同行〉，TVBS新聞網，二〇一六年五月十六日。

4 教育部青年發展署，〈外籍生與臺灣的美麗邂逅、探索自我勇敢踏出舒適圈〉，《你敢不敢？為自己勇敢一次：26個青年壯遊臺灣的故事》，教育部青年發展署，頁四十二至四十九，二〇一〇年。

鼓勵同學與其他學院學生組隊。在社參拓印組中，若同學提出跨領域合作的計畫，可依計畫可行性、完整度，在實踐獎金外，額外補助其壯遊金。或在複審階段可獲得額外加分。

新提案的可行性

為了解外國學生對於跨山越海計畫的參與意願，以下參考三位外國同學的說法。他們分別是日前就讀師大華語文教學系，來自西班牙的交換學生Alex（李蘇杭）、就讀師大音樂系，來自馬來西亞的僑生李澤元，以及就讀資訊教育研究所碩士班，來自澳門的黃達森。

Alex提到，她自從來臺灣交換之後，大部分的活動範圍都在臺北，所以這個計畫對她來說是一個和別人一起出行的好機會。如果她獨自完成壯遊，可能沒辦法探索更多不一樣的事物。同時，她也提到，在臺灣壯遊最大的考驗是必須具備足夠的語言基礎。大部分設計給外國人的旅遊網站都是以外語呈現，提供的服務價格通常也高於正常價位，導致她在臺灣旅行得花比一般人更多錢。她喜歡自己計劃的旅行，不過需要在地同學幫助。李澤元表示，其實初來乍到時，並不特別想在臺灣旅行，不過聽到後面有繳交計畫、心得、獎金等等內容，就感到有興趣。黃達森說，他是第一次聽到壯遊這個名詞，覺得挺有趣的，因此聽到有這個計畫會想來參加。

在資訊接收方面，除了西班牙籍的Alex因為語言的問題，接收資訊上較為緩慢，其他兩位同學沒有特別為此困擾。三位的共通點都是：不知道跨山越海這項計畫的存在！

意外的回饋

三位同學各自發表了對壯遊的想法。Alex 回憶過去在荷蘭的壯遊經驗，她除了認識當地文化、歷史、生活方面之外，還進一步了解當地政府如何運作和處理政治事務。她覺得這些見聞非常有趣。從 Alex 的分享可以發現，臺灣學生較少在壯遊的旅程中關注政治面向。文化差異所帶來的衝擊及思考，正是這個提案所希望能影響同學的地方。

李澤元談到，許多馬來西亞人對東馬當地的特色其實並無感覺，她為此感到可惜。就她的觀察，馬來西亞人對國外的了解其實更勝於本國的東馬文化，因為東馬的發展相對落後，馬來西亞人傾向去名勝古蹟、新村，或是麻六甲市裡荷蘭人、葡萄牙人殖民的堡壘，而不太願意去東馬壯遊。

她提出未來參加社參拓印組的構想：她關懷青少年的教育，也預計成為一名老師。以花東偏鄉教育作為規劃的方向，她不只想去學校，還想進入部落教授音樂。她特別指出，認識臺灣部落這件事也跟馬來西亞的文化有所連結。因為馬來西亞有很多不同的民族，走入花東、走入部落，看見他們背後的故事、深入了解他們正面臨的挑戰，這些都可以讓她更好地認識部落的世界。

過去李澤元就想要深入了解偏鄉教育的議題，也曾動念到東馬從事教育工作，如有機會造訪臺灣的偏鄉，有助於她回國後到東馬從事教育工作。三位同學除了來自不同國家，也來自三個不同的學院。李澤元的回饋說明，跨領域互動可以提供文學院同學更多元的能力，共同從事公益活動，也可以帶給外國學生更深層的反思或啟發。

黃達森表示，他想去有風景的地方，可能是海邊或山上，比如離島就很吸引他。黃達森平常都待在室內，所以壯遊時比較想冒險、從事戶外活動。他傾向選擇壯遊出行組，因為計畫較有彈性，也較有空間跟組員商量想做的事。

實踐新提案的需要

三位外國同學不知道跨山越海計畫並不讓人意外，本學期（一一一學年上學期）初須文蔚老師在「編輯與採訪」課詢問同學時，全班竟沒有多少人知道這項活動！若能請老師們在課堂上多加宣傳，或是透過學生會等社團向同學推廣，應該可以增加學生之間的資訊流通。位在師大文學院誠正勤樸大樓的中心，文學院各系學生都可能經過的地點——樸307書法教室外的黑板，也是一個能大幅增加曝光率的位置。活動前期的宣傳，可以邀請黃明理老師題寫跨山越海的標題，接著由同學們美化、設計整面黑板。或是請參與過跨山越海計畫的同學以一句話分享心得，定期更改版面，吸引同學的目光。若有占用同學練習板書的疑慮，使用黑板一半的部分宣傳即可，而徵用黑板的時間約兩個星期，避免佔用時間過長。

若未來計劃向其他學院推廣，海報可能要設計得更吸引人停留，同學才會想掃QR Code進一步了解詳細內容，因為目前的海報上並沒有活動的完整說明。前一年度同學的成果發表會，也可作為下一年度的宣傳。最後，向外籍學生推廣的部分，則需新增英文版的活動網頁與海報，以利他們接收資訊。

儘管跨山越海計畫所需的時間成本較高，宣傳不一定能吸引同學從事這項活動，但，增加曝光率的目的在於，希望更多同學可以知道這個訊息，進而吸引到想投入跨山越海的同學。因此，在宣傳上新增不同的宣傳管道，或者強化原來的宣傳手法，也許能開發更多跨山越海的潛在客群。

因為不同造就無限可能

在聽到今年跨山越海報名已經截止時，Alex露出哀怨的表情，她覺得真的很可惜，因為明年夏天就要回西班牙，不確定未來還能不能再來臺灣。遺憾的她應該是很多外國學生的縮影。她說：「我覺得我的生活方式跟這裡很不一樣，因為臺灣同學有很多考試，他們正為了學業上的成就在讀書。他們和我這個交換生的情況不一樣，我是來探索這裡的一切，但他們卻只會讀書、讀書、讀書。」正因為視角不同，所追求的目標便不一樣，壯遊的可能性也由此而生，而這亦是這個提案的初心——希望更多外國學生可以和文學院學生共同參與壯遊，創造不一樣的跨山越海。

數位學伴計畫沒想像中簡單

文／謝宜庭

校園下課鐘聲響起，代表一天的課程結束，學生紛紛向同學和老師道別，走出校門。但是，有一群孩子卻到電腦教室，開啟電腦，戴上耳機。電腦螢幕亮了起來，眼前出現熟悉大學伴的臉龐，他們開心的互相打招呼……。

遇疫情　新服務學習模式顯價值

數位學伴計畫協同主持人李育齊表示，考慮「服務學習」這門必修課，能否提供適合師大學生的新議題或場域，數位學伴培育學生教學技巧與輔導知能，以及更了解偏鄉教育議題，非常符合學校培育學生的宗旨。於是他配合師大全人教育中心執行長劉若蘭，向教育部申請參與數位學伴計畫。

「第一個，計畫主旨是偏鄉學童學習，藉此拓展我們服務的範圍，第二個，則是站在學生的角度，提升社會實踐能力和數位教學能力。」李育齊說，過去所做的都是實體教學部分，但是參加這個計畫的話，許多實體的營隊、服務學習與社會實踐活動被迫中止，讓大學生和學童交流的活動也接連停辦，數位學伴計畫則能夠延續原來的價值，甚至益發成熟。便能讓同學們跨出實體教學，探索線上教學。此計畫也可以多元的選擇不同議題。例如：聯合國永續發展目標（SDGs）——教育品質與消除貧窮，希望讓學生透過實踐的方式，融入偏鄉社區的議題。

計畫開始時，疫情尚未爆發。計畫以線上學習的方式推動，可謂是未雨綢繆。當遇到疫情「停課不停學」的時刻，「數位學伴」正派上用場。李育齊說，雖因強化設備與調整服務框架的緣故而停擺一陣，但不久又開始上路。從疫情經驗中，更能顯現出數位學習的優勢和價值，因為疫情期間需防疫的關係，回到計畫開始。其實教育部的數位學伴計畫已推行多時，但師大是在比較後期才加入，說到參與計畫的開始，是受到什麼人事物影響時，李育齊表示，不僅是執行長想積極去拓展學生服務場域，連教育部數位學伴計畫營運中心主持人呂慈涵教授也說：「你們師大終於來申請了！」並於計畫推動方面給予許多建議，包括需注意的事項、如何發揮師大的優勢等等。他們都認為，以師大體系的能量，一定能好好推動數位學伴計畫。

挫折×困難×信念

李育齊說，計畫執行和創辦方面，不免遇到困難。偏鄉孩童的遠距教學輔導上，學童學習的意願與動機並不高，特別在學童已經上了整天課，師大學生又以教學的角度上課，一定不會專心。

因此，需要掌握好教材教法和課程規畫。

他回憶起之前參加全國的共識會，一名科大老師站起來說：「師大學生做數位學伴的時候，不要讓小朋友覺得：在課後還有一個老師會來。」李育齊體會到，不該以課後強化教學的角度執行學伴計畫，而是應以陪伴為主，拓展小朋友的學習動機和視野，這才是數位學伴的核心宗旨。

因此，會搭配有趣的活動，例如：定期舉辦相見歡。偏鄉孩子會滿希望來到台北，而全人中心做教育所希望呈現的理念，便是希望學童能走出自己家鄉，看看大學生在學什麼，以及世界有多大。

成為帶班老師一年，目前就讀師大公領系的大三學生陳登廷，也認為不是所有經驗都是正向的。他說自己在數位學伴的進行過程中，遇到不少困難和挫折。他最掛心的莫過於小學伴是否認真上課？有時候會遇到小孩子不回應，或是不知道到底有沒有在認真聽的情形，這些都會消耗教學能量。因此，身為帶班老師，就需要去關心大學伴的教學狀況以及情緒，促進整體教學成效。

同時他表示，有時會遇到對於教學不夠認真的大學伴，例如：一位大學伴對於每次上課之前的教材，態度是有點敷衍的，隨便在網路上抓幾道題目，加上簡單的文字，並不是很認真在準備。陳登廷說，需要去跟他溝通：是不是應該要更認真？但那位大學伴並沒有想要改變，甚至表示：小朋友覺得這樣子可以，所以就沒關係。陳登廷認為，大學伴應該要「以生命影響生命，以生活教導生活」，方能讓整個計畫的推動更加順利。

大學伴對小學伴的承諾

李育齊期望大學伴能有好的態度。在面試大學伴時，會跟同學講：「有輔導和教導學生的經驗，這是很棒的，但是我們比較看重的是，你的熱情和動機在哪裡？」他表示，基本能力可以慢慢加強，因為有蠻強的帶班老師團隊，可以向他們學習如何製作線上教材，或是遇到什麼問題的時候，可以跟帶班老師討論，但態度好才是關鍵。

對於大學伴的教學能力較不擔心，但是一點他認為需注意：「可能這學期太忙，全部的課程有十週，你卻必須請假兩週，除了行政上困擾之外，對於小學伴的承諾也是有所缺失的。」李育齊說，輔導過程中有沒有達成對小朋友的承諾，也是服務學習的精神。「就是盡全力的輔導。你不要說已經承諾，但卻沒有做到，畢竟面對的是一個偏鄉孩子，對他們來這樣會造成傷害。」

說到此問題，數位學伴計畫相關承辦人員胡詠婷和帶班老師陳登廷也頗有所感。胡詠婷提到，自己最為重視的應該是大學伴是否有負責任、守時和自我管理的能力，可以按時交出他們的教材。如果真的臨時不能上線進行數位陪伴，也希望能夠提早請假。

陳登廷則表示，身為帶班老師，自己便時常要去幫其他大學伴代班，有時候小朋友打開視訊鏡頭就會非常錯愕，因為不是自己平常會看到的大學伴。「我希望大學伴能夠了解自己的角色究竟是什麼，而不是進來才慢慢的去適應這個角色，希望他們可以用『自己是一名真正在職場上的老師』的想法來參加。」

他提到，其實大學伴所說的每句話都會對孩子產生影響，有時候大學生與同儕間的溝通或訊息傳遞都會有些誤解，甚至造成負面的影響，何況是還正在思索未來的小朋友？所以陳登廷希望來參加的人，都可以認知：他們正在面對的是還在學習的小學生和國中生。對小學伴說的每句話都是成長的一部分，他們所學習的對或錯，掌握在這群大學伴的手中。

傳承×感動

回顧整個計畫，李育齊提到特別印象深刻的事情。一次他在面試的時候，遇到一個學生跟他說：「我是之前曾參加遠距數位學伴計畫的小學伴。」當年的學童已成為一名大學生，並回顧自身經歷，想要來參加此計畫。李育齊說：「這就是一種傳承。」從受輔導者，繼而成為一名輔導者。接下這份輔導工作，動機令人感動。

進行活動時，一位大學伴曾經告訴他，剛開始進行服務學習，只是想要拿學分，所以並非抱持著熱情的態度來參與。但是，隨著他更加深入的跟小朋友相處，竟從孩子的身上看到了當年的自己。因此，也更認真的付出。李育齊說，就像一個療癒的過程，陪伴小學伴的同時，也同時陪伴了自己。

上｜坪林暑期營隊大小學伴合影。
下｜協同主持人李育齊（左）頒發感謝狀給坪林國中校長歐志華（右）。

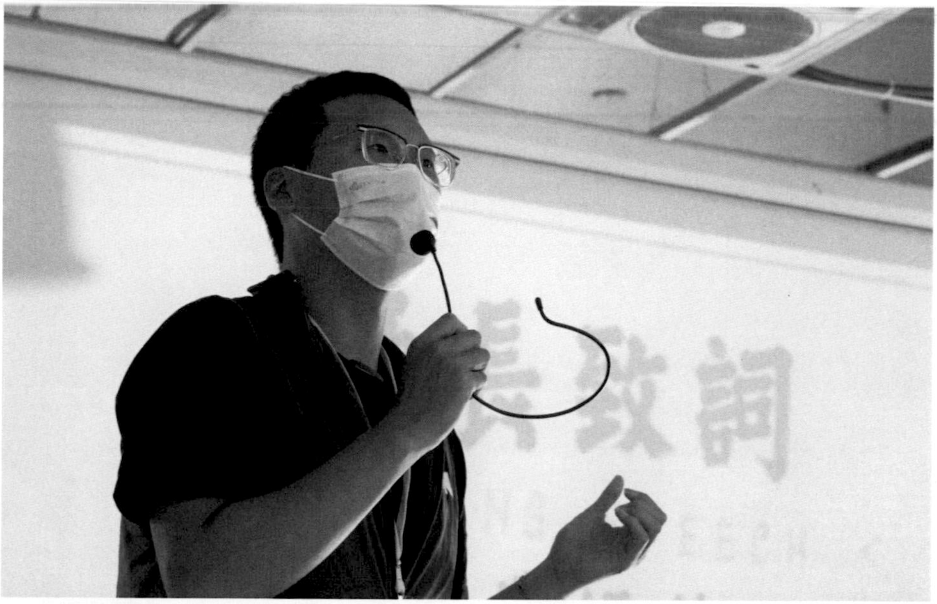

上｜協同主持人李育齊於坪林國中營隊致詞。
下｜國中小學伴相見歡合影。

上｜大學伴與國中小學伴相見歡。
下｜坪林國中營隊中，大學伴與小學伴共同參與課程。

陳登廷則說，之前遇過小朋友在學校遇到不高興的事情，因為其他同學做錯事，自己也遭到連坐法牽連，因此臉色十分不好。這時，他選擇好好的聽他怎麼說，並且去疏導他的情緒。後來，他從小學伴那裡得到的回饋是：很謝謝自己的陪伴。這也讓他理解到，原來陪伴並不是單向的，而是藉由兩人的溝通和交流，被輔導者和輔導者互相給予彼此鼓勵的過程。他說，從事一項助人工作，會很希望聽到「謝謝」、「謝謝你幫助我」之類的話。因此，對他來說，是一次印象深刻的經驗。

胡詠婷則提到，這項計畫之於小學伴，是具有意義的。之前，一位小學伴在課堂中看起來都沒有好好上課，但是到了相見歡活動時，他給了大學伴一張卡片，上面寫滿了之前幾堂課的課程內容。其實，對於大學伴的陪伴和輔導，他很認真在聽，

大學伴與國小小學伴相見歡，共做紙燈籠。

且放在心上。

胡詠婷說，整個計畫對小朋友來說，是一個蠻特別的經驗，在小學的環境之外，還可以認識在遠方的大哥哥大姊姊。加上偏鄉學校的學習環境是較為封閉的，可能沒有辦法接觸那麼多的資訊，但大學伴教給他們的東西，其實他們真的都會放在心上。數位學伴計畫，是一個可以拓展小學伴學習視野的選擇，也是能讓大學伴對於自身和教學經驗有所增益的管道。

與孩子攜手同行，大學伴吐心聲

文／謝宜庭

師大心輔系大三的曾綵綸同學，從大一開始參與數位學伴計畫至今，從和小孩子的相處中，摸索出建立信任感的方法，並且找尋出自己未來想成為學校輔導老師的目標。

挫折×責任

除了和小學伴相處外，在自己準備教材或是自我調適的過程中，也有著辛苦的地方。曾綵綸說，她覺得最累的時候大概就是在自己期中考週的時候，已經自顧不暇，卻還得擠出時間幫小學伴準備教案。

「那時候大約是覺得，這是一個責任吧！」她說出當時感受，認為自己書沒念完是自己的事，但若是教材沒有生出來的話，卻會影響到學生的學習，所以那時最大的感覺是自己身上背負著責任感。

除了自己的課業壓力外，還有一件事是讓她較為沮喪的。那時是第一個學期接觸這項計畫，配對到的學伴是位不太喜歡讀書的國中生，每次上課都喊著好無聊。

曾綵綸回憶說，她覺得在那個學期沒有得到太多回饋。即使如此，決定是否要修教育學程的時候，她感受到自己其實還是想要去了解怎麼教會比較好，也了解到自己其實對於教學是有熱忱的，即使現在能力不夠，但她相信經過增進後，可以變得更好。

對教師職業的迷茫

數位學伴計畫培訓大學生運用線上資源與工具，陪伴偏鄉學童，提高其學習動機。對於剛升上大一的曾綵綸來說，參與這個計畫無疑是個探索職涯未來的好機會。曾綵綸表示，自己剛進入師大時，其實並沒有當老師的念頭。但是面對學校開設的教育學程，她想先試一試自己究竟是否有成為老師的意願。

曾綵綸說：「其實那時候是想要找個服務學習，因為系上比較注重這一塊，加上那時候不確定自己究竟想不想要修教程，所以看到數位學伴這項服務學習課程時，便參加了。」

她後來透過一邊服務，一邊探索自己未來想不想走教學這條路。曾綵綸笑了笑說，覺得當時參加這個計畫真是太好了。

與小朋友的連結：咒術迴戰或者戀愛史

談到如何和小學伴建立信任感時，曾綵綸表示，首先要讓小學伴知道，我們不是他們的老師，因為老師這個稱呼，會讓關係有所隔閡，她希望自己和小學伴之間的關係可以像朋友一般，不要讓他們有太大的壓力。

綵綸特別傳授了建立信任感的小技巧，那便是尋找並建立和他們的連結。她指出，自己會和小學伴聊他們較感興趣的話題，像是和國小學生聊前陣子很紅的《咒術迴戰》，問他們看到第幾集了，並討論劇情。面對已是國中生的小學伴，她也有自己的心得。「就是需要多說一點自己的八卦，他們就會很在意你有沒有男朋友啊，或是你上次段考哪一科被當之類的，他們就會蠻有興趣的。」曾綵綸一邊笑著一邊說。

她接著表示，教學過程中，可以先觀察學生年齡層會想知道什麼事情，並且不要用高高在上的態度，告訴他們是來學習的，如此會使他們產生牴觸。和他們用朋友般的關係相處，基本上他們在上課時都會蠻配合的，這便是她在教學過程中，所培養出來的經驗。

被嚇到了？小學伴情緒不佳時

談及和小學伴的相處過程時，曾綵綸說到偏鄉學生對於他們未來能夠就讀怎樣的高中、高職都不知道，因此，她引導他們查資料，幫助他們規劃。有些小學伴是家長逼來的，因此就要多花時間啟發學習動機。

而令她印象最為深刻的經驗，是在一次的線上課程中。那天，小學伴似乎是心情不太好，一直不斷對她發牢騷，抱怨課程很無聊。甚至還吐出了髒話。

曾綵綸表示，自己其實並不是對於髒話會很反感的人，但是因為身在當下的處境，還是必須跳脫朋友般相處的模式，回歸到老師的身分。畢竟還是有必要讓小學伴了解到，罵髒話不是一件能解決事情的方法。曾綵綸說，自己當時就瞬間變得很嚴肅，和平時輕鬆的態度不同。

「我就問他說：『你現在是心情不好嗎？發生什麼事了？』他就說今天上課的時候被老師罵。」綵綸接著講述自己如何慢慢引導他抒發情緒，告訴他：如果狀況不好可以和他說，而不是用這種方式來表達。

「在他講髒話的那個當下，我真的有被嚇到。」綵綸回想起當時情景，仍記憶猶新，忍不住如此說道。不過，她在那次的經驗，帶領小學伴去思考：如何用正確的方式表達自己的情緒。這對於他自己和小學伴來說，無疑都是一段深刻且具有意義的回憶。

給我一句話，讓我心暖暖

課程中雖然有突發事件或是挫折，但是一路下來，大小學伴的互相陪伴，累積了許多情感。到了學期要結束時的最後一堂課，綵綸準備和小學伴告別。

「那時候我就跟他說，這就是我們最後一堂課，沒意外的話應該是不會再見面了，你要想我喔。」她表示，小學伴是個害羞的、酷酷的小男生，對於這樣的告別並沒有表現出什麼不捨的情感，說自己並沒有話想和她說。

綵綸本來也不以為意，想說那就算了吧，結束了那堂課。但當她後來收到了小學伴的回饋，卻發現一向不太喜歡填回饋的小學伴，竟在欄位中留下了一句想對她說的話：「希望下學期的學伴還是你。」曾綵綸描述當時看到那句留言的心情，覺得真的很感動，雖然只有短短一句話，在其中卻隱藏了小學伴對於自己陪伴的肯定，使她覺得自己這學期的努力是有收穫的。

雖然之後沒有再繼續擔任他的學伴，不過曾綵綸很開心的說，自己在前幾天的相見歡中有見到他，兩人也談話了！

數位學習　你我同行

「我真的有那種『能夠參加數位學伴計畫真是太好了』的感覺呢！」綵綸說的時候帶著笑容。回憶起當初對於是否修習教程的徬徨和疑惑，現今的她從這個計畫獲得了許多的寶貴經驗，並且在其中找尋到自己的目標。

曾綵綸在參加活動的過程中，遇到了許多對於教學蠻有熱忱的人，而這樣的經驗是很難得的。她指出，參加數位學伴會有一種「我們大家都是在為了小學伴的學習而努力」的感覺，在其中能找到許多志同道合的朋友，這是在開始參加之前沒有想到的。

「在這個過程之中，我確立了我想當老師這件事情。本來有在考慮說我未來究竟是要考研究所當諮商師，還是要在學校當輔導老師。那我目前想做的事情是教學，所以會想要到學校場域去工作。」

從和小學伴的互動中，曾綵綸了解到自己能夠投入青少年教育，並且也很喜歡和他們相處。曾綵綸表示，她覺得自己有達成剛開始計畫的時候，想要得到的東西，甚至還有更多是自己當時沒有想過的。她認為，在這個計畫的過程中，探索了自己想要做的事情，同時也得到一些對教學頗具專業的同伴們，在做教材和關係建立方面，也慢慢的磨練出不錯的成果。

數位學習，你我同行。曾綵綸在這段參與計畫的經驗中得到許多，相信未來也會繼續往前邁進，和更多人進行交流。

國文學子·能文能武

所有成功的活動背後，都有著不為人知的經歷和艱辛

文／陳蔚旋

什麼是跨山越海？

「跨山越海」活動在二〇一三年開始舉辦，當時由地理系院長陳國川先生組織，並邀請國文系鍾宗憲教授協助。「跨山越海」活動的初衷是為了即將畢業，踏入社會的畢業生所舉辦，意指在畢業前體驗一次真正的「跨遍山林，踏越海洋」的儀式。初始的「跨山越海」活動是到宜蘭龜山島進行地理考察，是一個很巨大的活動，需要招募活動總籌，成立一個幹部團隊對於這個活動進行組織、構思和設計，絕不是像如今的服務學習如此簡易。

「跨山越海」第一年由地理系負責舉辦，由於地理系擅長山川考察，因此從報名組隊乃至活動設計，都是由地理系幹部團隊一手包辦。「跨山越海」第一天，各自集合與開始，只要在規定

的時間內到達集合地點即可。活動的第一晚寄宿在當地的「大里天公廟」，第二天一早便搭船到龜山島。由於龜山島被劃入國家風景區，因此要登島必須向「東北角暨宜蘭東海岸國家風景區管理處」進行申請。

由此便可知曉「跨山越海」這個活動從一開始的籌備，就十分不易。登島之後便會在島上進行考察，偶爾也會遇到有遊客在山上授課，因此便有了山和海的感覺。登島結束後，便開始返回學校，並於當天晚上進行晚會，作為這個美好旅程的完美句點。

跨山越海的轉型

「跨山越海」活動剛出現時，很自然吸引學生的參與，因為大家都感覺很新鮮，且當時的學生也較於現在更富有冒險精神。然而再新鮮的活動，也需要不斷的變法子來吸引學生參與，否則一直重複相同的模式，會令學生失去新鮮度。

但是後來因為疫情肆虐，這種無形力量壓抑了學生內心的冒險精神。因此文學院便將「跨山越海」活動從原本的集體活動進行分組，共分為兩大組別，分別是「壯遊組」和「社會參與組」。由文學院提供補助，讓學生自發親近社會，提交計畫書，再分組執行，而兩者概念是不一樣的。

初見國文系服務學習

黃明理老師帶領國文系服務學習課程已有三年經驗，因此和「跨山越海」之間離不開關係。因此本次邀請了國文系教授黃明理作為採訪對象。黃明理由於有多年帶領國文系服務學習的經驗，因此本次採訪會從國文系開創服務學習課程的起源至轉合進行訪談，再到如今的新面貌。

黃明理指出一開始本系的服務學習和舊的導師制度息息相關，由導師擔任服務學習的領導老師。幾年前國文系經費充裕，因此國文系會將一個班分為兩組進行服務學習，一組便由一位導師帶領。一年級學生的導師活動是在校內學習服務，而二年級以上則是到校外服務，並且由導師親自設計課程。

當時校外服務學習的方式有很多種，好比導師會與世界展望協會聯繫，負責協辦募款活動，並將所募到的經費寄到國外；或是參觀孤兒院，與孩子們相處並設計活動，陪伴他們度過愉快的一天。黃明理表示自己也曾策劃帶領二年級的學生到動物園導覽，並與小學生進行互動。隨著導師制度更改，導師的人數越來越少，且經費不再如同往常的充裕，因此便更改為一系一個專責導師，導師不再負責服務學習。

偏鄉國小的延續

黃明理特別提起，令他印象和感觸最深的服務學習，便是和胡衍南教授到南投縣草屯國小進行一日與兩天一夜的教學服務。草屯國小會配合計畫，挪出兩至三天的時間，全校一起來參與營隊活動，其中包含教導小學生如何敲打節令鼓、書法初體驗和全校運動會，這些都令國小的學生和師長其樂融融。而這樣的合作服務學習維持了接近五至六年。其中最令人感動的莫過於師生的服務經驗累積，一點一滴地見證這些孩子的成長。從國小一年級長成為六年級的孩子，見證了時光飛逝。

後來系上經費不充裕，草屯國小的學生人數也越來越少，從以前的一百五十減為七十人，乃至後來慢慢結合附近的其他三所國小，轉型為一個三校合作的大型服務學習，因此在內容設計上需要花費更多的精力和心思。

國文系　靜態服務學習

黃明理表示，師大在經歷了導師與服務學習制度的轉變之後，服務學習不再分類為一年級與二年級兩類，而是更改為「初階服務學習」與「進階服務學習」。由於學校規定各系都必須設計一堂服務學習課程，因此有了多年服務學習經驗的黃明理便承接這個任務，一直到現在。

黃明理比較改制前後指出，以往的服務學習都是較動態且活潑，內向的學子不免力不從心。黃明理顧慮系上性格較為內向的同學，將國文系的服務學習改變成靜態方式，亦即將以往兩天一夜的大型營隊服務學習，改變為到故宮導覽園林。黃明理也說明：「這是一種循序漸進的服務學習過程，漸進式的變更和流傳。」一且因國文系的老師人數有限，這項故宮導覽的服務學習課程一年只開放一次，活動內容為摹寫故宮內的對聯書法、製作導覽文創，以及運用國文系的書法和知識能力，為社會大眾導覽園林。

故宮之旅　仿古園林

大家赴故宮，多是參觀裡面的展覽，瞻仰中華幾千年的歷史痕跡。然而黃明理決定突破一般參觀模式，改為導覽故宮博物院的仿古園林，好比如至善園、松風閣等。黃明理認為，仿古園林最大的精神在於「景點」、「題詞」、「文字」，在此都是文人珍視且寶貴的文化活動，裡面所蘊含的意義並非我們現代人們所能完全理解的。而且到至善園或是松風閣這些導覽地方是不需要門票的，因此也解決了系上經費不足的問題，且在學生籌備的過程中，也可以同時領略文學的美，可謂是一舉兩得。在真正到故宮進行導覽活動前，黃明理會嚴格審核和驗收負責導覽同學的講稿，務必展現出至善園、松風閣的完整面貌。

然而在學校認可了凡是有參與社團、學會、或是擔任系上活動的籌委，便可抵免服務學習的分數後，性格較為外向的同學便很少參與系上的服務學習，加之通識課也開放了「初階服務學習」和「進階服務學習」，因此系上的服務學習變得不再是「唯一」的服務學習選擇。而黃明理也細心考慮到性格較內向的同學，可能無法適應這些需要社交的服務學習，因此規劃故宮導覽服務學習，同學可以分別於活動中擔任不同的崗位。若是比較內向或是喜歡設計的同學，便可以作為文創製作者，而另一部分的同學則是負責當天的活動導覽，可謂動靜皆宜。

另外，黃明理說明，會選擇故宮導覽仿古園林也是考慮到安全性的問題。故宮相對其他園林較為安靜，人流也不會過於複雜。黃明理坦承在考慮導覽本地哪個園林時，有考慮過其他選擇，好比如二二八和平公園，那裡也有「文字」和「題詞」，但是人流複雜，且有很多流民，無法保障學生的安全；林安泰古厝也被納入考量之一，但那裡的文學「題詞」是現代的文人所做，缺乏精緻度，因此不接納。

黃明理認為，園林文化對於本國學生都有稍微的抵制和抗拒，更何況對於外國學生而言，有如天方夜譚。可這些傳統文化對於漢人和國文系的我們是有如珍寶的，且故宮戶外的那些小園林都非常精緻，「文字」和「題詞」也是從故宮拿出來的，非常具有歷史性。故宮的小園林，不光是給大眾喝茶聊天，餵餵魚，這些是遠不足夠的。黃明理認為在故宮導覽的這項活動中，獲益的除了大眾，還有身為導覽員的學生本身。黃明理說：「我們既在幫助別人學習，同時也在自我學習的路途上。」

你不能不知的秘密

國文系大三的陳怡閔同學曾參與黃明理老師的服務學習，她表示在過程中令她最難忘的便是在籌備導覽的過程。因為她被分配的工作是，負責講說松風閣中黃庭堅的《松風閣帖》石碑和專屬對聯。她指出即便自身擅長書法，但在面對大眾或是不乏一些書法專家時，她不免也會擔憂是否會出錯。不過她表示在首堂課，黃明理老師便告訴他們：「我們要服務的是至善園，而不是人。」

這番話令陳怡閔明白，或許看似在向大眾導覽至善園，但實則卻是在將園林中的傳統文化延續，讓徒步在至善園的大眾也能感受當時文人的風雅與趣味。

陳怡閔表示透過服務學習，收穫了有別於系上其他活動的經驗與成就，好比營隊或晚會。她指出收穫最大的快樂與經驗便是精進了自身的知識和解說能力，將這些美好的事物作為服務項目讓更多人知曉，她樂在其中。

透過這次採訪，可以了解到以前的服務學習模式和如今的差別。無論是歐洲的「壯遊大出行」成年禮，抑或是我們傳統的成年禮，都講究一個「壯」字的存在。歐洲的成年禮在進入大學前，而我們的成年禮是在畢業前，各有所不同，但是都帶出了該形式的意義。以前社會的成年禮要求穩重，現今社會要的成年禮要求冒險精神，無論是哪一種，都既無對錯。而如今，學校將服務學習制度調整為必修學分，試問有多少人是真心在服務，又有多少人是為了可以順利畢業而來？這會是一個無解的答案，因為這和前面我們所說的一樣，並無對錯。

省思

文／鄭羽珊

初次編寫書籍就像展開一趟奇妙古怪的幻想之旅，我們跟著眾位有著浪漫狂想的拓荒者，進行一場精神上的壯遊，並寫下他們跨山越海的精彩故事。

完成這趟充滿曲折的旅程並不容易，畢竟要想達到狂想風暴中心的晴空之下，必須得先穿越包覆於周圍的逆風驟雨。身為採訪與編輯新手的我們，在籌備過程中，一路跌跌撞撞、迷失方向，也曾想過放棄一切，退回舒適圈。但是前方引路人手中的火炬實在太過耀眼，讓人不禁想要追隨之、超越之，為這說不定是人生中僅有的特殊經驗，填入美好回憶，不留任何悔恨。所以說，拿出冒險犯難的精神吧！即使面前有團團風雨阻礙，也要乘風而上、逢雨而行，因為我們早已捲入這狂想的山海中了。十分幸運的是，在編輯與寫作過程中，受到了許多人的幫助，尤其是來自須文蔚老師的諸多建議，使我們受益匪淺，真的非常感謝。

編輯與寫作自然是密不可分的兩件事，在編寫書籍過程中，最困難的點之一，大概就是切換寫作者、編輯者與閱讀者的身分吧。編輯者，負責將作者和讀者串連在一起，不但要考量作者寫作欲表達的內涵能否如實呈現，更要從讀者的角度思考，究竟怎麼樣的內容會吸引大眾。當作者與讀者所期望之理想書籍，呈現兩極的狀態時，編者夾在二者之間的辛苦可想而知。

另一個困難點是團隊合作。編輯是一項合作成分極高的工作，小組成員之間，和不同小組之間，常常需要互通、共享訊息，分配工作並協力完成。就像鳥群翱翔空中時，要找出一個最完美的「人」字陣形，需要彼此不斷地調整與磨合；編輯過程中，為了找出彼此最合適的相處模式，著實耗費了一番心力。不同個性、想法各異的我們，在面對同一件事情產生不同意見時，要如何琢磨出最佳想法，是一個問題；環環相扣的工作分配，要如何與組員溝通，完整表達並吸收他人的意見，是一個問題。雖然團隊工作需要耗費許多心力，但透過溝通互助，理解與融合大家的想法，有時會激發出意想不到的新鮮點子。而和這些擁有共同目標的夥伴們一起努力，在面對任何困難時，似乎也都無所畏懼了。

我們這些初踏編輯領域的雛鳥，在參與這場奇妙古怪的幻想之旅中，拚命追尋前人足跡，想像有朝一日能夠追上，甚至超越他們。然而，歷經幾番掙扎，似乎都只能看見火炬下殘留的暗影，帶著滿身傷痕，瞪視著遠方的光亮。不過，哪裡還有低頭沮喪的時間呢？只需要專注於現在應該做的事情就好了。即使是雛鳥，也有著身為雛鳥獨有的狂傲，盡情釋放初生之犢的衝動，帶著沾滿雨水的翅膀，往更高、更遠的理想飛翔。狂風暴雨、雷鳴浪淘，都在為我們助陣，於內心深處熊熊燃燒的熱情，將化作照亮路途的燭光，雖然微小，但星火相聚，終成火炬。誰說火炬只能有一把呢？而或許在某個遙遠的未來，我們所聚集的光輝，也將為下一位迷途之人指明方向。

最後感謝一路陪伴我們到這裡的讀者，願你們在眾位冒險家的狂想山海中，獲得了改變現狀並踏出第一步的勇氣，在未來的某一天，展演一場屬於自己的，精彩且瘋狂的跨山越海之旅。

我呼喚山，山不來，我就展開跨山的冒險。
冒險，是踏上未知卻仍充滿希望。
望著前方崎嶇的道路，
露出忐忑的表情，步伐卻依舊堅定。
訂定關於遠方的想像，
向天空傾訴自己的心願。

願與風雨相伴，克服眼前所有阻礙。
愛著天地萬物，對仍不可知的一切敞開胸懷。
懷抱著永不消逝的初心，
新的生活就此誕生。
生出韌性與堅強的芽，勇敢茁壯。
茁壯於跨山的冒險，於是我聽見了海的召喚，
循聲踏上越海的旅途。

Ch1~Ch5 作者簡歷

吳姍其

新北市人，喜歡文字、聽廣播、看臺劇！因為二〇一九年的印度行，看見種姓制度下印度教育的難處，決心投入教育領域，想成為國中教師，幫助他們找到自我生命的價值。

李昀倢

土生土長宜蘭人，大學來台北讀師大國文系。喜歡閱讀各類書籍，最近迷上科普雜誌。未來想養兩貓一狗。

鍾凱名

屏東人，個性極度堅硬與柔軟，因為父母是老師，所以從小就有一個教師夢，也因此來到師大。

平常喜歡聽音樂、放空、散步，原本是狗派，但因緣際會下養了一隻橘貓，導致每天都需早起鏟屎，他是我最甜蜜的負擔。

謝采凝

台文系，喜歡追劇、看電影。家住在台北港海邊（但不會管太多），依附淡水河河畔，觀音山山腳下的八里。好巧！每天也都要跨山越海（河）來台北讀書。

蕭琮翰

科系混血兒，活動咖，熱愛劇場與繪畫，對萬事萬物都富有研究精神，以及滿到不能再滿的好奇。

胡可兒

人類學的學徒，在寫作與現實間找尋傳遞想法的方式，才在這堂課現身。

吳芊歆

設計系，最大的夢想是能好好睡覺。

徐長鈺

純種北人，富好奇心，還有很多書跟電影沒有看。

林意珊

新北人，華語系雙主修國文系，正為該選擇成為何種老師迷惘著，喜歡音樂、旅行、找尋生活樂趣！

葉宗昀

熱愛學習的資深社團人，想學的太多而常將「肝」字轉品為動詞。擅長聲音藝術、閱讀理解與表達。目前正積極成為一名好老師，以引導學生體驗學習的樂趣。

陳其豐

二〇〇三年生，臺北人，現就讀於師大國文系二年級。因為這堂課的緣故，也報名了跨山越海計畫。

王穎嫻

國文四甲，興趣是攝影與寫作。平日裡喜歡閱讀「武俠小說」，私心希望能把山海風景，收在自己的相機裡。

這次擔任「社參拓印組」文編，受益良多，相信只要願意努力，在不久的將來，也能成為一位合格的編輯。

邱蔚程

來自桃園的國文系學生，覺得能在喜歡的地方跟其他人團隊合作一起完成共同的目標很開心。

很喜歡貓頭鷹，但是臺灣不能養，難過。

陳蔚旋

國文三丙，來自馬來西亞。非常喜歡聽音樂和看推理小說，同時擅長密室逃脫和劇本殺。

謝宜庭

師大國文系大三學生。台中人。喜歡日本文化和日本美食，希望之後能夠去日本賞櫻。

從小就愛看書，最喜歡做的事情就是到圖書館借書來看，沉浸在書中世界。最喜歡的小說是王度廬的《寶劍金釵》，但最近常看的是日本翻譯文學。

林佳蓉

淡水人，目前是師大國文系大三學生。喜歡逛各種網拍、收集漂亮的童書，特別喜歡聽音樂。

希望能成為童書或兒童雜誌的編輯，目前正在為此努力中。

吳秉容

新北人。目前就讀於國立臺灣師範大學國文學系，愛好是閱讀、看電影。也喜歡獨自一人，帶上背包，安裝好導航，騎著摩托車到不同的地方散心，讓靈魂自由的奔馳於天地之間，在繁忙的生活中找到完美的平衡。

鄭羽珊

國立臺灣師範大學國文系大三學生，新竹人。平時常以文字和插圖，呈現自己天馬行空的想像。喜歡小動物，夢想有一天能獲得和動物交流的超能力。最近的興趣是觀察路人的有趣行為。

林昀學

國立臺灣師範大學國文系大三學生，台中人。喜歡織毛線，也喜歡嘗試新鮮的事物。修了這門課後，發現跟別人互動其實不需要想太多，採訪同學的過程很有趣！

Chapter 6

山海洄游

運用數位的力量 讓歌仔戲在故鄉傳唱

文／楊周君美

本地歌仔的發源地結頭份

員山鄉的結頭份社區，當地有一棵十餘公尺高的老茄苳樹，人稱「大樹公」，據傳是蘭陽平原本地歌仔的發源地，昔日村民於農閒時在樹下拉弦唸歌，融合各地的唱腔，逐步變化歌詞與劇情，漸漸發展出一套系統，當時稱作「落地掃」，指的是沒有舞台，隨地、隨興進行的表演。結頭份社區十幾年來，發展本地歌仔文化、特色產業、社區治安、人文教育、環境景觀，與環保生態，積極投入社區發展營造工作。結頭份社區發展協會自二〇一七年開始承接員山數位機會中心（員山DOC），駐點人員黃劭韻是宜蘭頭城青年，大學時期就參加教育部大專資訊志工計畫，並曾於二〇一五年榮獲優秀資訊志工。畢業後受邀到社區來，承接員山DOC業務。

將資訊應用專業貢獻給家鄉

黃劭韻從小學到大學都是在宜蘭本地就讀，對於鄉土擁有很濃厚的情感，上大學之前專注於課業學習的她，很早就擁有會計和電腦應用軟體的證照，尤其是電腦應用軟體方面，更是擁有乙級證照。具有資訊管理專長的她，上了大學之後便將自己的資訊應用專長貢獻給偏鄉，當時教育部有招募大學生加入資訊志工的相關活動，在佛光大學社團學長姐的帶領之下，黃劭韻開始跟著團隊去做數位應用推廣的工作，教學的對象都是偏鄉的小朋友，例如南澳的武塔國小、碧候國小，大多是較為偏遠的小學，甚至有時候遇到大眾交通工具都沒有抵達的地方，當時已經有駕照的黃劭韻二話不說便驅車前往，從蘇花公路前往，沿著山路一路蜿蜒前行，當時她的小小學生們很多都是活潑可愛的原住民小朋友，上課時雖稍微坐不住、喜歡和隔壁桌的同學交頭接耳笑鬧，但是實際進入狀況後，孩子都能操作 Photo Cap 處理圖片，並運用 Scratch 程式語言製作小遊戲或小動畫。除了教小學生學會這些大學生都不一定會操作的軟體應用，黃劭韻還將這些擔任資訊志工的過程製作成電子書，參加文化部的全國暨海外教育盃電子書創作大賽，並且獲得大專組專題比賽第三名，這些引以為傲的過程為黃劭韻帶來許多驚喜與感動，也累積了豐富的教學心得與經驗，讓她對於數位應用的推廣有了更多的想法與願景，當時沒顧得上與孩子們多拍照留念，但是回想起來，小朋友的笑容都映在自己心中。

由於這段資訊志工的淵源，當員山DOC要開始運營的時候，黃劭韻便應邀承接了這份工作，一開始雖然有不熟悉的業務，但憑藉著認真的精神與熱情，持續積極參與研習、教育訓練，要開課程的時候她發現對於銀髮學員的教學上而言，需要實地操作引導，若只有講師和自己兩個人會難以顧及所有學員，所以黃劭韻會運用她的人脈，找志工團的同學來支援，如此對於教育者和學習者來講都可以比較專心。此外，開課時黃劭韻會考慮各方面的需求，需要協調講師和學員的課程時間。由於員山附近有三、四個社區關懷據點，有時便配合社區關懷據點的時間去安排。黃劭韻說：「執行第一年的時候，就發現長輩們對於數位應用的學習有距離感，甚至覺得學不來會把手機弄壞。」她先細心地去了解其原因與長輩手機使用的生態與狀況，進而去調整課程，想辦法引起長輩的興趣，她注意到教小朋友和教長輩會有不同的語言需要做調整，甚至要用閩南語，如今深耕多年，社區的阿公阿嬤常常一見到她就主動掏出手機來發問，黃劭韻就會笑著說：「對嘛！所以就叫你們要來學啊。」

員山ＤＯＣ的工作也串起了黃劭韻與歌仔戲的緣分。說起宜蘭人，沒有不接觸歌仔戲的，黃劭韻從國小、國中到高中，學校都有歌仔戲的社團，不過礙於課業的壓力，當時都沒有太多的接觸，就這樣一次次錯過。但是，就像一記伏筆一般，總有劇情開展的契機，就在投入工作的同時，數位科技與傳統文化擦出了火花，辦理結頭份歌仔戲文化節的時候，員山ＤＯＣ協助攝影、錄影，甚至後來使用直播的方式將現場的感動傳達給更多想要參與的人。黃劭韻說：「現在在媒體上大部分呈現的都是精緻歌仔戲，和本地歌仔是不一樣的。」本地歌仔沒有聲光閃爍的大舞臺，沒有絢麗多彩的戲服和妝髮，只有質樸的唸歌和著絃仔聲，單純樸素的表演內容和形式，保存歌仔戲當時發源於鄉間最原始的風貌。

數位力量支援文化傳承與產業推廣

黃劭韻注意到，雖然結頭份還保有本地歌仔的歌仔戲班，但由於傳統班員的日漸凋零，傳承的速度追趕不及，若不趕緊記錄與推廣真的會隨著時間流逝。她的出現為社區的戲班注入了一股新能量，除了協助做演出的紀錄與整理之外，也親身投入唱腔身段的學習。學習的意義不一定是要成為一名演員，黃劭韻更多的用心是在於透過學習的過程體會傳統文化的內涵，並進一步思考如何將這些過程製作成教案，甚至想要開發一套推廣本地歌仔的ＡＰＰ，更有效地推廣與傳承本地歌仔的精髓。

在員山ＤＯＣ，許多具有歷史文化底蘊的產業進一步被看見，例如古早純手工傳統醬油的釀造，以社區的大樹公作為精神象徵命名，品質有目共睹；此外結頭份的竹筍產業也深具潛力，日治時代正因為員山有茂密的竹林，故成為日軍藏匿轟炸機的地點，直至現今，結頭份仍是宜蘭縣竹筍最大的產地。黃劭韻在此深耕多年，發揮自身的數位專長，加上對於家鄉傳統文化與產業的細膩用心，讓更多人看見員山的精采與豐盛。說起工作中讓她最印象深刻的是，有一位已經八十多歲的阿公曾來上過ＤＯＣ的課程，但這些年因健康因素，較少來參與，不過有一次他說：「社區需要的事情，只要時間可以，我都會來參與。」數年來投入員山數位機會中心，她看見這裡拉近的並不只是人與數位運用的距離，更多的是這裡匯聚了許多關係，凝聚了社區的向心力。

科技暖男的斜槓人生

文／楊周君美

物產豐饒的三星鄉

三星鄉兼具人文與自然的特色，淵源久長的墾拓歷史，使它成為宜蘭縣族群最複雜且融合最多的地方，鄉內物產豐饒，種植許多優質的農特產品，米、三星蔥、蒜、銀柳，還有上將梨，都打響了三星的名聲。純樸的農村生活當中，農業經營是村民主要的經濟收入，近年也發展休閒與觀光事業，而三星數位機會中心（三星ＤＯＣ）設於三星鄉立圖書館內，三星ＤＯＣ是宜蘭縣七個數位機會中心中，最資深的創新型數位機會中心，加上有李志鏞鄉長的肯定及三星圖書館館長林孟君的大力支持，除了進行數位應用課程的推廣之外，也結合產官學資源，積極協助當地農會與業者進行數位行銷，輔導民宿業者推廣休閒農業。三星ＤＯＣ承擔著在地數位推廣的關鍵任務，負責執行任務的駐點人員，需要具備資訊專長，更要熟悉在地文化與產業。

工程師返鄉從事數位推廣

三星ＤＯＣ駐點人員朱哲宏是三星在地人，返鄉接手三星ＤＯＣ計畫前，於台塑企業擔任工程師，在大企業擁有很好的工作待遇，加上企業鼓勵員工持續提升工作專業度，每考到一張證照給予加薪加給，持續工作累積的報酬優渥可期，但對於朱哲宏來說，這卻是「用命換來的待遇」，伴隨工業發展而來的環境污染，對於健康產生很大的傷害。朱哲宏分享，以前浸潤在宜蘭清新的空氣中渾然不覺，直到身在受汙染的環境中，身體一直出現過敏反應後，才發現潔淨的環境有多可貴，後來便聽從家人的勸告回到三星，成為「斜槓青年」。

三星是人口老化相當嚴重的鄉鎮，存在著數位落差。朱哲宏曾遇到學員為了上ＤＯＣ課程買了智慧型手機，上完課後她說：「老師你課上得很好，教我學會用手機上網，但是你可以跟我說怎麼用智慧型手機打電話嗎？」提醒朱哲宏換位思考，「原來學員想要學的就是那麼簡單的東西。」朱哲宏不僅具備專業資訊能力，更能站在學員的角度，將心比心設計出合適的數位推廣課程與服務內容，並耐心協助學員克服對於數位的障礙，讓他深受學員歡迎。

朱哲宏家經營三星街上老牌的「美都西點麵包店」，很多學員現在遇到數位上的問題，都會到圖書館或麵包店找他，「手機怎麼沒有畫面了？怎麼沒有聲音？」有的阿姨跳舞用的光碟毀損，也會上門求救。「科技進步速度太快了，有年紀的人要努力跟上這個腳步很辛苦。」因此面對社區包羅萬象的數位科技難題，朱哲宏都會非常有耐心地協助長輩解決，科技暖男形象使他圈粉無數，大大提升三星銀髮學員數位學習的意願。有長輩每一堂課都到，也有的長輩擔心自己無法完全學會，還找了兒子一起來上課助攻。最讓朱哲宏有成就感的是，有些長輩學員從一開始對於3C操作一無所知和排斥，進步到後來可以擔任課堂助教，協助指導其他學員，逐漸適應了數位平台的聯絡方式，看到LINE群組裡流傳網路假消息，還懂得進一步去查證、澄清，跟上了網路e世代的腳步，這讓朱哲宏覺得付出的用心都值得了。

二〇二〇年Covid-19疫情爆發時，三星DOC讓課程走到戶外，開設空拍機操作課程。空拍機雖然感覺操作複雜困難、不利推廣，但三星DOC這邊連阿公、阿伯都有興趣嘗試，而且上完課之後就有很多學員去買，甚至有學員研發出進一步的使用方法——用空拍機來釣魚，學員說這樣就可以不用站在岸邊了，還約朱哲宏改天去看他釣魚。這些回饋和分享讓朱哲宏覺得感動，更加肯定這份工作的意義與價值。

朱哲宏表示：「教育部每年都會辦理交流會，雖然整個鄉裡只有我一個駐點，但是做了這些事之後、交流之後，會感受到很多鄉鎮都還有我們的夥伴，我在全臺灣都有同事，接收訊息的同時也把正能量傳遞出去，帶回來更多東西給我們的學員。」

除了數位學習的推廣，三星DOC網路創業產品行銷的課程，為當地優質商品增加了很多曝光機會，例如「星寶蔥仔餅」就是很成功的案例，店家本身產品好，也提供現場DIY體驗，卻缺少產品網路訂購等行銷管道。DOC推動DOC柑仔店，有攝影團隊協助拍攝DOC職人照片與影音，並協助店家架網路平台，帶動後續銷售成績。成功打響品牌的還有「三星醋窖」，三星醋窖老闆沈水雲收到美都西點麵包店客人推薦，參加DOC課程。三星醋窖草創初期研發多種特別風味的手工醋，一開始釀造的米醋較不好入口，後來改釀造風味更佳，也更好入口的水果醋。

朱哲宏站在產業行銷推廣的角度上，建議多嘗試結合三星蔥、上將梨等地方特產研發新口味，後來也推薦三星醋窖成為ＤＯＣ職人，拍攝一系列的宣傳影片，提高曝光度後，加上產品品質佳，現已成為當地具代表性的伴手禮。

斜槓青年將夢想的領域擴大

朱哲宏近年投入教育部青年發展署的計劃，與劉展佑、林雅萍，與劉子毓組成「還想試試」在地青年團隊，共同投入大洲車站閒置空間再利用。三星鄉的「大洲車站」過去曾是羅東森林鐵路的其中一站，重建後卻閒置在當地。朱哲宏與「還想試試」的夥伴們，向教育部青年發展署申請「青年社區參與行動 2.0 Changemaker 計畫」舉辦活動重啟大洲車站，用半年的時間試辦活動擾動社區，讓大洲車站重新與社區的民眾互動，二〇一九年榮獲本計畫提案第一名的佳績。

隔年結合三星ＤＯＣ資源開發「鬥火車」文創商品。朱哲宏說：「希望讓小朋友透過拼火車的過程，認識火車並引發了解太平山森林鐵路文化特色的興趣。」朱哲宏因家中烘焙的背景，與團隊成員共同發想研發火車模型餅乾，用三星ＤＯＣ的雷雕機與3D列印製作出餅乾模具，將三星米製作成米餅乾成為組裝火車的零件，用糖霜接合後就是一臺復古造型的火車模型，享受ＤＩＹ組裝樂趣後還可將餅乾吃下肚。「鬥火車」後續還製作繪本，講森林鐵路的故事，成為系列文創伴手禮，很受孩子們歡迎，並在三星鄉內六所小學巡迴進行體驗活動，成功結合數位推廣與在地關懷。

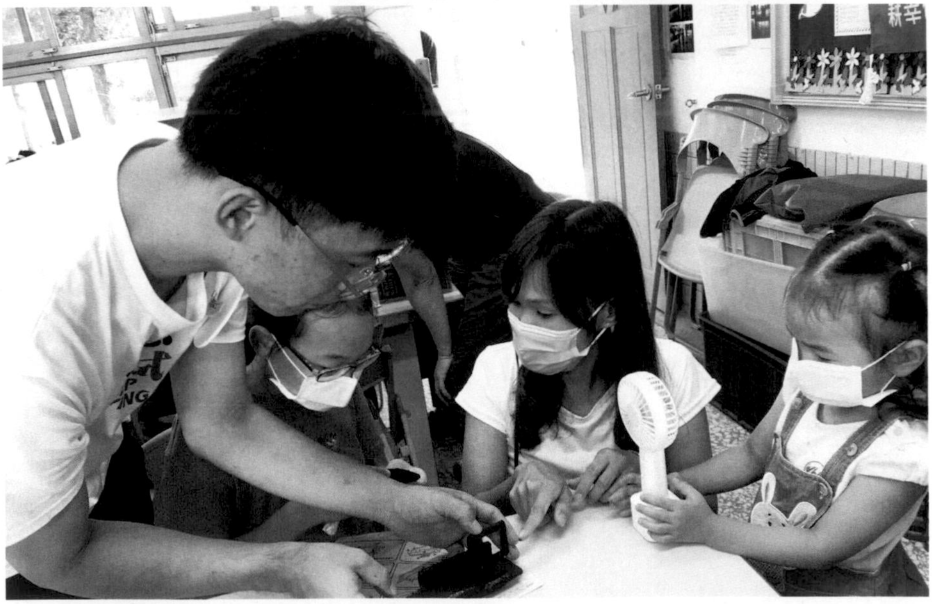

上｜ 2019 年三星詩遊趣獲得教育部數位應用創作大賽銀獎。
下｜哲宏教小朋友做鬥火車。

哲宏教學照。

朱哲宏將這些精采的成果，歸功於大家的協助。宜花DOC輔導員張惠茹說，朱哲宏可以透過數位科技帶動在地產業與文化發展，成為轉動地方的科技暖男，其中最關鍵的要素是他勇於挑戰的人格特質。宜蘭縣議員陳文昌參加大洲車站活動時曾說：「我之前看到『還想試試』團隊的時候，覺得說怎麼會有年輕人這麼熱情，肯花這麼多時間與力氣為地方服務，真的是要好好肯定這幫年輕人。」基於這樣不計代價默默付出的精神，無論是耐心地在上班以外的時間為民眾解決數位問題，還是懷抱熱忱去其他社區活化閒置車站。朱哲宏這份誠摯、熱忱與毅力，會感染到別人願意打開心防並賦予信任，進而願意共同參與社區事務的關鍵。

說起未來還有怎麼樣的願景，朱哲宏期許將成功案例當作示範點繼續擴展，他說：「有時候在同一個點一直做同一件事，沒有辦法涵蓋所有的範圍。大洲是三星的最前端，DOC在三星的中間，三星的尾端還沒去，前端如果打好基礎就可以把成功的模式複製到其他地方，希望能一步一步讓三星鄉變得更好。」朱哲宏的夢很大，但是有越來越多的人加入這個夢想，數位將許多的資源都整合起來、讓亮點被看見，相信三星鄉的大夢，會在浩瀚的星海熠熠生輝。

上｜鬥火車。
下｜還想試試團隊。

帶著夢想來返鄉

文／楊周君美

泰雅原力從大同鄉說起

二〇二一年二月份，大同數位機會中心（大同DOC）舉行「揭牌暨小米播種儀式」，為設置於四季國小英士分校的大同DOC揭開序幕，在部落主席的祈福儀式中種下小米種子，期許大同DOC為地方培育數位人才，為大同鄉鏈結多元資源，自傳統文化中開創出嶄新的泰雅原力。大同鄉英士部落出身的泰雅女孩鍾佳容，責無旁貸接下這重責大任，儘管年輕但DOC駐點人員不是她的第一份工作，在回到部落之前，她曾歷經了一段迂迴又具戲劇性的返鄉之路。

童年時光就在部落度過的鍾佳容，小學時對於自身原住民的身分沒有覺得有什麼不一樣，在羅東就讀國中、高中時，鍾佳容才逐漸意識到自己「很特別」。大學時離開家鄉，前往臺北就讀國立臺灣藝術大學戲劇系，鍾佳容對劇場懷抱熱情，認真學習演出技能，並把握每一次的演出機會自我磨練，大四準備畢業公演的同時，鍾佳容在學長姐創辦的Flavors劇團自導自演一齣獨角戲《Upah．Kumay》。不同於以往有導演、編劇和對手可以討論切磋，獨立創作讓她陷入瓶頸，卻也成為引導她回顧人生與回歸故鄉的契機。這次的創作經驗，讓鍾佳容深入思考原鄉議題與文化保存與傳承的重要性。雖然還不知道從哪裡開始，但一顆小小的種子在心中就此深埋。

夢想之路交會著返鄉之路

戲劇產業工作機會不多，而且不屬於偏鄉。為了更接近夢想，鍾佳容畢業後理所當然地留在臺北，想盡辦法尋找徵選機會，一邊投履歷、面試，同時還要打工維持生活在北部的開銷，異鄉漂泊的種種挫折與自我懷疑都一再考驗她的意志力，終於迎來一個極佳的演出機會。但機會降臨之時，命運卻開了個戲劇性的玩笑，鍾佳容接到演出通知時人卻在急診室。她趁著休假正要返鄉回宜蘭時，卻在北宜公路上遭遇車禍，後續須休養復健數月，硬生生與期待已久的演出機會擦身而過。

康復後鍾佳容回到臺北繼續追尋舞台上演出的夢想，同時她也利用空檔返回部落協助農忙。家鄉與臺北，兩種全然不同的生活節奏與步調，讓鍾佳容深深感受到落差。不久，一次大型音樂劇《何日君再來》的演出機會向鍾佳容招手，雖然這次並非主角，但是音樂劇的表演形式讓她很感興趣，她全力以赴順利完成演出。演出後，走向夢想的未知讓她徬徨，同時家鄉的親情與土地也呼喚著她。

大同鄉英士社區發展協會鐘正志理事長拋來橄欖枝，邀請她加入社區多元就業計畫。雖然鍾

照片皆由鍾佳容提供，Photo by 林育全。

佳容一直默默關注社區發展協會對部落的建設，但對社區的工作毫無頭緒，也不想未完成的夢想就此止步，便婉拒工作邀約，但鐘正志理事長鼓勵她，並提出了部落劇場的構想，建議鍾佳容在家鄉大膽一試，這才讓她下定決心搬回大同。她翻出大同鄉、泰雅族的歷史文獻做功課，一步一腳印投入社區工作。在她逐漸將夢想藏在心底的時候，音樂劇導演親自來電，他對鍾佳容之前演出印象深刻，希望她能參加接下來音樂劇《何日君再來》的全臺巡演活動，並邀請鍾佳容擔任主角。

經過一番掙扎，鍾佳容徵得鐘正志理事長同意與支持後，開始她臺北、宜蘭兩邊穿梭的日子，常常排演前一天就要搭車北上，隔天排演結束又要第一時間趕回來工作。但這一次她沒有錯過屬於自己的角色，她扮演的，正是一位到城市裡去追夢的泰雅族女孩。巡演到花蓮場的時候，親友和鐘正志理事長都前去觀賞。

巡迴演出後，鍾佳容在部落執行的計畫已經進行到「野趣大同」部落一日遊程試辦，她全心投入部落工作，透過部落遊程幫助小農推廣農特產。鍾佳容漸漸熟練社區工作，連續兩年的多元就業方案「給你夢（Kn-bung）」計畫都交出了不錯的成績，計畫編制從原先的三人，擴充到六人，陸續創造了越來越多的工作機會。

大同DOC的嶄新挑戰

一開始還會有人問她為什麼不留在臺北尋找更好的發展機會？但看到鍾佳容在社區經營的成果後，大家了解到，留在部落是有機會的，並漸漸予以認同。不過，人力的擴充也有伴隨而來的問題，鍾佳容認為社區的工作對她而言最困難的倒不是跨領域的學習和繁複的行政工作適應，她覺得「管理真是超級難的」，尤其她擔任管理職，部落的工作方式有其慣有的生態，她所管理的對象常常是部落裡的親友，甚至是長輩，抬頭不見低頭見，再加上錯綜的人際關係網絡，往往處理起來相對複雜棘手，這些都是需要去克服。

英士社區發展協會二〇二一年開始承接大同DOC，由於多元就業計畫的執行已經穩定，鍾佳容接手新的挑戰，一力承辦DOC的課程與活動。鍾佳容連結DOC和原民會文化健康站，拓展開課的據點，教原民會文化健康站的長輩使用平板和手機。英士部落在DOC進駐之前，就已經有和社團法人臺灣遠距智慧之愛公益聯盟合作，做遠距醫療的相關課程，每個月有兩到三堂的課程，會有醫生或職能治療師來關懷、帶長輩做體操。透過資源的串接，能發掘有能力、有願景的年輕人回來，讓社區充滿活力。除了針對一般民眾開設基礎數位應用課程，鍾佳容也設計不同特色課程，如開設泰雅圖文設計、社群行銷課程，經由圖文設計技巧的學習協助加強部落產品包裝，還有教導如何設計遊程的「跟著Google去旅行」、開發數位化社區美食食譜的「數位部落廚房」、網路創業、直播課程、手機支付等課程，協助部落運用社群媒體推動觀光休閒產業。

儘管人生轉了彎回到家鄉，但夢想之路與返鄉之路並不衝突。鍾佳容去年在部落小學教授劇場文化藝術課，期末讓學生用讀劇的方式，講述泰雅的遷徙史。這些持續積累的過程讓她體會到，正因曾前往遠方異地，才更了解自己的「特別」，我們在旅途中認識自己，然後驀然回首找到更好的自己。部落劇場的未來想像和願景仍在構建中，數位應用能將更多的機會與資源帶往偏鄉，相信熱情與夢想也是。

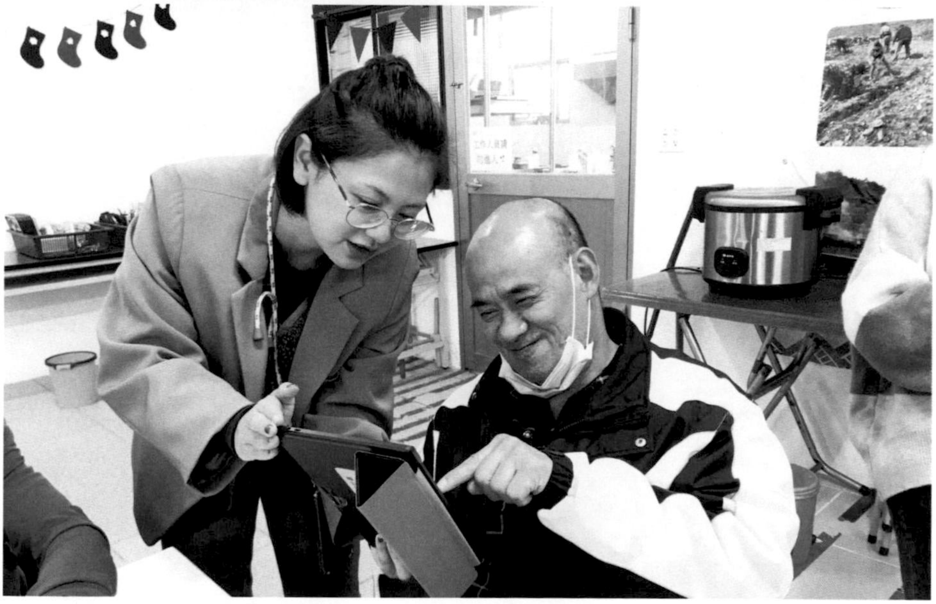

上｜佳容帶著部落青年學習直播。
下｜佳容教學照。

佳容教學照。

一起航向偉大的航道

——專訪劉文正

文／楊周君美

蘇澳是臺灣唯一擁有軍港、商港、漁港三合一港灣之處，富含濃厚的討海文化，由於這裡曾是「金馬號」的起點，轉運點的優勢帶動整個小鎮的繁榮，加上冷泉、美食等特色，蘇澳鎮擁有豐厚的觀光資源，你可能曾經到此一遊，前往漁港、海岸，感受一番臺灣傳統漁村、漁業的獨特風光，但是，你可曾想像漁民眼中的海上日常，是怎樣的風景？

人稱阿正老師的育英國小教導主任劉文正，他的爺爺劉生根老先生，是一位「漁民畫家」，五十多年的討海生涯他的腦海裡留下無數鮮明的畫面，而這些來自大海的靈感，在劉生根退休之後透過畫筆呈現出來，一幅幅鮮活生動又細膩，不但具有趣致俐落的個人風格，其紀實的程度，細細紀錄許多捕撈現場的技術與生態，三艘鏢船同時鏢到大旗魚、流刺網捕土魠魚、坐竹排仔（船）去外島撿海鳥蛋、漁民鏢海龜、捕獲魟魚等等無數只存在於討海人眼中的畫面，堪稱是漁民文化的史詩畫卷。

蘇澳DOC駐點人員廖美婷在偶然的機會下認識阿正老師，當時劉生根老先生已經過世了，劉文正興起整理並保存阿公畫作的想法，便討論起以數位應用的方式保存並再運用阿公的作品，使作品的價值能夠更深刻被體現，以此契機啟動ＤＯＣ課程合作的想法，透過「社區歷史你來說」、「數位智慧做公益」和「熱轉印課程」一連串數位應用課程，圍繞著劉生根老先生的畫作，透過藝術家的作品和數位應用，讓蘇澳鎮的民眾和育英國小的學生，對蘇澳的海洋文化有深入的連結。劉文正回憶起課程中將阿公的畫作授權製作成馬克杯，他說：「後來成品有送給家族成員，大家都很開心，可以想見大家都蠻想念阿公的，看到他的畫作經由數位應用被做成實用的產品，他們就很開心。」

劉文正是蘇澳人，除了大學時期前往台中求學之外，幾乎都在宜蘭。回憶起兒時常常在阿公的船上跳來跳去，阿公有什麼魚獲就帶回來做成生魚片，如今任教的育英國小是他的母校，劉文正還記得附近還沒有開發成工業區之前，會跑到頂寮海邊去玩玩沙、抓螃蟹。如今他在育英國小推動戶外教育學習課程，走出戶外增進孩子對家鄉人文歷史、自然生態、海洋教育的認識，就是希望讓孩子跟他小時候一樣用身體去感受鄉土，劉文正笑著說：「到處亂跑是我小時候的生活，生長在這片土地上面，你的家鄉就是這些東西，不應該讓孩子每天沉迷在手機上面，生活還有很多的事情，要把生活經驗傳承下去。」

劉文正認為，歷史、地理、自然的課程並不在課本裡，體育課也不侷限在操場上，蘇澳擁有絕佳的天然教室與活生生的教材，劉老師寫了許多計畫克服經費的問題，憑著熱情與行動力騎單車、划船、泛舟、濕地生態之旅、魚市場看現撈魚獲、設計食魚教育課程、淨灘、搭防風林等等，讓孩子用體驗去學習，而不是書本填鴨式的死記背誦。他說：「讀大學的時候有所謂的鄉土視察，

上｜2019 年數位智慧做公益課程劉文正老師帶學生與家長去南方澳漁港取景。
下｜劉文正老師用阿公的畫作製作海洋文化教材。

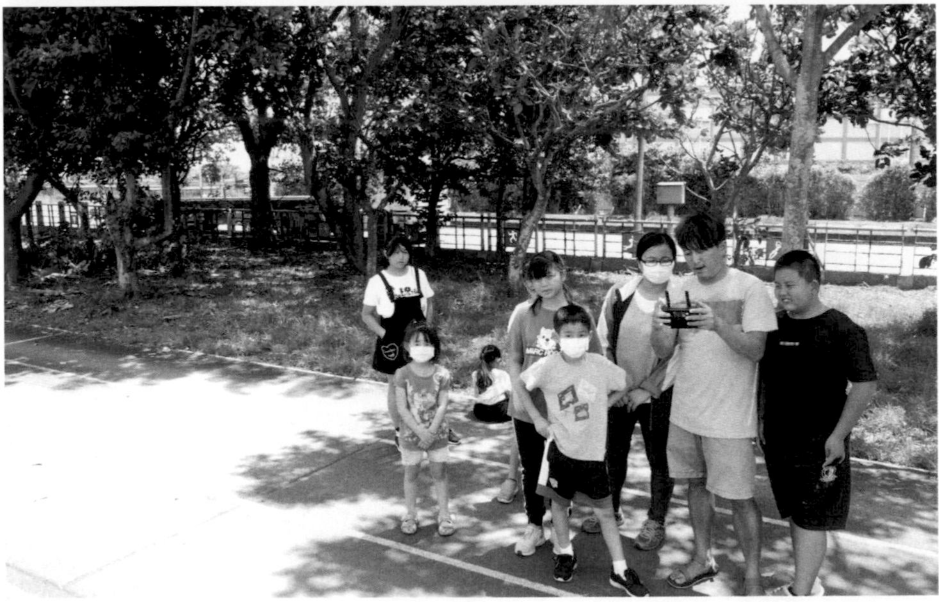

上｜劉文正老師和學生。
下｜劉文正老師空拍教學照。

我們現在做的就是把那一套拿來用。要認識家鄉，與其看課本，你不如帶他出去。我帶小朋友出去騎新城溪，附近的工業區從無到有，這種地貌的改變是小朋友不知道的，地方的發展史可以藉由這樣的方式去跟小朋友講，讓他們主動去發掘地方原來的故事。」

教室裡的課也很精采！二〇一九年育英國小與蘇澳ＤＯＣ合作，透過數位方式認識劉生根老先生的畫作和海洋文化之後，劉文正幫育英國小申請了教育部的資訊學習站計畫，利用這個機會更新了電腦教室的設備，因為劉文正體認到，設備必須要適用，學生的資訊教育才有辦法去推動。後來也陸續添購了雷雕機、3D列印機、空拍機、數位攝影機等設備，讓小朋友從資訊教育以後慢慢接到科技教育，劉老師解釋道：「這兩個領域是不一樣的，資訊教育主要是著重在電腦軟體的操作，科技教育是運用軟體去設計，透過設備將設計製成一個產品，這才是科技教育。」對劉老師而言，資訊教育和科技教育都是可以去貼近生活的，要應用在生活上才有用，從小組報告的文書處理、活動請柬的商業設計，甚至是畢業紀念冊的製作，劉文正都善加轉化成一個學習的機會，運用一些線上的資源，讓孩子自己透過模版的套用去操作，到進階一些的3D列印、雷雕及雷切等應用則引導學生在生活上的事情去做設計。這些創客（Maker）相關的課程，育英國小與ＤＯＣ據點常常會做資源的互助跟交流，育英國小會觀摩ＤＯＣ的課程規劃，ＤＯＣ方面也會請阿正老師支援一下ＤＯＣ的師資，彼此交流合作，更深入的在偏鄉去推動數位推廣。

翻看劉文正製作的魚港巡禮電子書、戶外教育教案、食米學園成果影片、魚之牲紀錄片，真的會令人感動，感動於其中迸發的熱情與活力。偏鄉或許不是沒有具備數位能力的人才，但數位的應用是一種技能，如何善用這項技能有賴使用者背後的思考。例如，看魚港巡禮電子書的時候我們看到的不單單只是漁業生態的數位記錄影像，還可以看見作者對於海洋文化和生態議題的思考。戶外教育的教案影片呈現的不只是行程的豐富和執行的績效，我們可以看出拍攝者對於鄉土的了解與用心。劉文正想要給孩子的「教育」，不是空泛的知識與能力，而是一份深刻體驗生活之後所產生的「素養」，唯有在人文素養具備的情況下，數位能力的發揮方能帶動時代浪潮航向未來，無遠弗屆。

劉生根爺爺畫作熱轉印馬克杯。

Truku 族人與新型數位碰撞下的童心未泯

文／莊鈺婕

秀林ＤＯＣ的特殊之處

花蓮縣秀林鄉地域南北狹長、行政區幅員遼闊，這樣的地形增加了數位機會中心（ＤＯＣ）在此服務的困難度。最初ＤＯＣ設立的目標，是為了縮減城鄉差距，也希望在服務偏鄉、設立據點的同時，還可以兼顧拓展、擴散服務全鄉，以求帶動全區域的發展。

為了同時顧及兩項訴求，秀林ＤＯＣ的據點歷經西寶國小與三棧社區及加灣等地區，最終秀林ＤＯＣ選擇與公部門合作，將據點設立在秀林鄉立圖書館內，有公部門作為穩定支持的後盾，總算解決了中心業務拓展困難的問題。而ＤＯＣ進駐秀林鄉公所，也是駐點金慧雯投入數位推廣工作的起點。

秀林的人口分散且稀少，並且有十三個村落分佈在層巒疊嶂的群山之間，效仿其他據點以集合上課方式顯然難以運作。因此金慧雯在天然地形限制下，摸索出獨特的招生模式。現今，她與當地的長期照護站、原民會文化健康站合作，不僅找到了穩定的招生來源，也激發出長照據點中的照護人員辦活動的新主意。除此之外，老人家更可以在DOC設計的眾多活動中動動手、動動腦，可謂一舉數得，創造出多贏的局面。

血液深處的部落使命感

「我剛開始，真的只是為了找一份工作。」金慧雯說，她沒想過在DOC一待就是六年。她是太魯閣族人，這樣的身份使得她比其他人更容易融入以太魯閣族為主要人口組成的社區，與許多部落的長輩們成為忘年之交。但提到金慧雯的個性，宜花DOC輔導團的輔導員陳恒鳴說，她害羞、客氣又慢熱，實在不是擅長社交的性格。

金慧雯說，起初來DOC工作，只是為了打發時間，同時她還去中央廚房幫忙料理團膳，為國小煮營養午餐，下班之後趕著買菜、接小孩，照料家庭是她日常生活的核心，顯然，原本DOC真的就單單只是其中一份普通的工作罷了。但在近幾年，她的工作模式從「被推著走」到「主動前進」，她開始積極投入更多心力在DOC，也辭掉了其它「斜槓」工作，致力於行動分班的課程中。儘管比別人多出好幾倍的行動分班，但沒有讓她慢下腳步，反而是一步一步紮實地打下基礎，朝DOC的原始初衷邁進。從陳恒鳴的視角看來，這當中轉折的契機，來自於3D列印和雷雕技術的引進。

服務生命是 件快樂的事

透過銅蘭國小許壽亮校長的介紹，金慧雯認識了秀林國中的工藝老師田益龍，自此在推廣結合太魯閣族文化和數位創客的過程中，有了最可靠的夥伴。田益龍老師設計「消失的祖靈眼睛」系列課程，將科技與部落耆老的技藝結合，希望在新舊碰撞的過程中，激發更多創意的靈感。同時也冀望藉由科技對青年的特殊吸引力，將古老的智慧傳承給年輕人，讓文化不再局限於課本上的圖片，擁有實踐的可能性。

同時沿著DOC的核心，發展出各式各樣的活動，教導老人家卡片梭織時，他利用小型改良織布機，結合耆老們織布的技術，用簡單快速的方法織出太魯閣族的五大圖織，之後運用熱轉印技術將設計的圖形轉印到T恤上，創造出獨一無二的「科技族服」，從此以後銀髮學員與金慧雯聚會時，都會自發的穿上屬於他們的「族服」。

同是秀林國中工藝老師的張嵩雄主任也是創客講師之一，他表示：「不少來參加活動的銀髮學員，以前在部落中都是織布的能手，一開始學習新的織布方式時，因為不習慣、不上手，自然會有一點抗拒。」但是當他們做出第一個成品之後，都驚豔於結合了科技後的傳統產品，甚至還會偷藏幾個作品帶回家。有了成果的鼓勵之後，老人家們的成就感直線上升，課程參與度也越來越高。

在學員的鼓勵下，金慧雯體認到DOC引進新科技帶給族人的喜悅，也和銀髮學員建立起深厚的人際橋梁，讓她對DOC有了認同和歸屬感。主動投入工作的同時，時不時還會提出新的意見和想法。很難想像當初的她現在會主動提出計畫，自行尋找講師，並認真地暢談未來計畫的藍圖。

LA

金慧雯表示，秀林圖書館引進很多新的資源，像是3D列印、熱轉印、雷雕技術等，一切都讓她覺得好奇，好奇就會去摸索，摸索的同時也獲得樂趣，加上銀髮學員參與度很高，對課程的反應熱烈。從這個過程中她已經觸摸到DOC的理念，對DOC有更深入的了解，正是她轉變的契機。

展望未來

除了同伴給予的鼓勵推了金慧雯一把，讓她下定決心在DOC持續奮鬥的最大原因，莫過於看見學員發自內心的接受與喜悅，無論是小朋友開心地使用平板閱讀，或是老人家對科技流露出的好奇與笑容，都讓她捨不得放棄這片她和學員們一起打造的學習樂土。

「慧雯總是默默的為地方付出，但她自己從來沒有想過，她絕對擔得起秀林DOC小英雄的名號。」時任宜花DOC主任須文蔚提起秀林DOC時，特別稱讚金惠雯在DOC開課最為艱難的地區，卻能持續付出，進而獲得大家的喜愛。

城鄉的差距一直存在，翻轉階級最有效的方式就是教育，但貧窮、不足的教育資源將使孩子沒有得到良好的學習機會，即使意識到重要性，也無能為力。DOC的存在，卻透過網路拓展部落居民的眼界，讓部落的孩子找到努力的目標，用科技翻越地形的限制，與外界接軌。

擔任宜花DOC輔導計劃主持人的須文蔚教授說，保持穩定的資源輸出，成為基層DOC駐點人員的強力後盾，是輔導團隊的工作；而金慧雯在地方默默耕耘、執行創生計畫，讓DOC

的理念在地方得以實踐。雙方匯聚而成的力量，縮減城鄉之間的鴻溝，並用科技翻轉資源，拉近距離限制。讓人感覺「遙遠」的從來不是物理上的距離，而是從未有人嘗試、從未有人想像可能。現在，金慧雯和秀林鄉太魯閣族人仍持續在數位學習的課堂上彼此激盪，金惠雯希望，這條她親手開闢的道路，還有好長的路，要和秀林鄉的族人們一起走下去。

新城新世代
——瑤瑤與新城發展

文／李翊熏、黃立心

走進位於北埔國小的新城數位機會中心（ＤＯＣ），映入眼簾的是成排的電腦、整齊的桌椅和地板密密麻麻的佈線，白板上還寫著上一堂課的課程內容。乍看之下和其他小學裡的教室沒什麼不同，然而若是仔細觀察，你會看見壁櫃上擺放著雷射雕刻製成的木作時鐘，一旁的雷雕機正嗡嗡作響的運作著，不時有學童笑著跑進來問：「我可以玩電腦嗎？」在教室裡，新城ＤＯＣ的駐點人員鍾佩瑤正以神采奕奕的眼睛盯著電腦螢幕、敲打著鍵盤，為ＤＯＣ編織起一個又一個新的發想。

從事補教業多年的鍾佩瑤，二〇一五年面臨轉換工作跑道的關卡，因緣際會來到新城ＤＯＣ任職，同時也在北埔國小代課。她說，原本覺得工作似乎和以往在補教業沒什麼不同，開始產生不同的想法，是入職的第三年，在教育部舉辦的交流活動上，聽見許多全國各地ＤＯＣ的分享，發覺原來ＤＯＣ的經營還有很多可能性。而真正讓她心態產生改變的契機，是一次教導長輩使用平板電腦錄製歌謠的課程。學員中有一位阿婆，在錄音過程中唱起了喜歡的戲曲歌謠，一曲唱罷，開懷的自拍影片再唱一曲。

在課程現場，阿婆的朋友們說她已經好一段時間不曾唱過這些曲子了。之後的課堂就再也未見過那位婆婆的身影，瑤瑤後來才得知，那堂課後不久，婆婆便臥病在床，再也無法來上課。能教那位婆婆錄下自己唱歌的身影，在生命的最後留下美好的紀念，對瑤瑤而言，是帶有複雜情緒的一段回憶，這也讓她想起從前，在受教育的過程也經常被教導要回饋社會，但總覺得那些溫暖的可能離自己很遙遠。然而，在DOC的工作裡，她發現其實教導、幫助這些長輩，就是回饋社會的一種方式。

除了幫助長輩們學習數位工具，瑤瑤也在數位中心的推廣工作中，策畫了許多令人印象深刻活動，其中，規劃「新城小旅行」是令她最有成就感的一次活動。為了帶動在地的文化觀光，瑤瑤整合了許多在地商家，希望創造一個全新的在地體驗：來自吉安的咖啡達人木宣咖啡為大家講解咖啡生產過程及手沖體驗、在北埔國小由蔡佳玲老師引導創作意象書法再轉印到馬克杯上等等活動。瑤瑤說，看著自己親手打造、從無到有的一場小旅行，獲得極大的迴響，讓她收穫滿滿的感動。

在規劃新城小旅行、整合商家的過程中，瑤瑤也開始將一群在地的小農、商家業者們集合在一起。他們是「9417就是一起樂活趣」群聚的核心成員，這個群聚裡頭，由民宿、烘焙坊、咖啡、薑黃等數種不同類型的業者組成。

從年貨大街擺攤起家，在新城DOC的輔導下，和一群在地夥伴一起創辦9417群聚的木宣咖啡老闆陳宣儒表示，DOC的課程讓他獲益良多，Facebook的流量、關鍵字的應用，都對經營十分有幫助。DOC辦理的Facebook直播活動，也讓他印象深刻，每個課程和活動都是很好的學習機會，除了自己進修，也幫忙指導其他群聚夥伴、一同成長。而提起瑤瑤，陳宣儒覺得她總是充滿活力、熱心助人，敢做別人不敢做的事，讓群聚的夥伴們得到許多曝光機會，在市集擺攤時，瑤瑤也總是全程陪同，在一旁顧前顧後，忙進忙出的。

有了市集擺攤的經驗，成員們開始思考更進一步地曝光，經過一番討論，瑤瑤決定和9417群聚的成員在Facebook上直播。參與許多DOC課程的陳宣儒說，一開始他認為直播的門檻很高，但是透過深入淺出的課程學習，以及DOC的器材和設備，大多數的成員都學會如何使用手機做出有品質的直播節目，是一次很好的學習體驗。

如此多才多藝，好像什麼都會的瑤瑤，也並非一開始就十項全能，而是透過工作的經驗累積，在看見他人需求的過程中一同學習成長。她說：「在DOC中成長，是因為很多事情趕著你、逼著你必須往前走。因為希望能幫助他人，本身對這些技術也有一定程度的興趣，所以會逼著自己不斷精進。」瑤瑤認為斜槓並非一蹴而就，更不一定是為了金錢，而是在面對現實的環境中不斷進化。

負責新城DOC輔導工作的小鳴老師也提到，DOC駐點人員的薪資每年跟著政府規定的最低時薪標準調整費用，為了擁有足夠的收入，因此很多人都具備各種斜槓技能。而DOC也給予以「說話」為生的瑤瑤走上斜槓之路的機會，各種代課、運用和教學的差異和科技的推廣方法都是挑戰與方向，而接觸許多廠商與社區，也讓她得到很多教學授課的機會。

304不鏽鋼防燙美食鍋

DOC旅遊王
新城DOC
宜蘭 花蓮
Digital Opportunity Center

未來，瑤瑤計畫逐步讓商家能獨立進行直播，期望參與課程讓商家在經歷學習輔導後，能夠得到自行運作的能力，從主持轉為提供後勤的角色。畢竟新城DOC所提供的是初階技術的課程，以及增加曝光度的跳板。她也希望商家能在接觸DOC課程後，找到自己感興趣的方向自行進修。

新城國小棒球隊的胡文偉教練，來到新城村，開了練習曲二手書店，並開始串聯新城老街特色景點；而木宣咖啡老闆陳宣儒，透過DOC的學習，獲得輔導其他商家的能力，同時也創辦臉書粉絲專頁「洄拿禮」，以貼文和直播，介紹許多在地優質的產品。「洄拿禮」品牌主打將全花蓮最有特色的伴手禮一網打盡，捨棄傳統推廣單一標誌性品牌的思維，著重在地性及文化內涵，集結了各式花蓮伴手禮，希望能創造共好。

瑤瑤懷抱堅定與固執，為新城帶來更蓬勃的發展，希望社區能有更多青年生力軍投入，讓在地的產業能夠持續創新，並且永續經營。當然她也沒有停下腳步，在偏鄉一隅，新城創新的腳步還在大步向前。

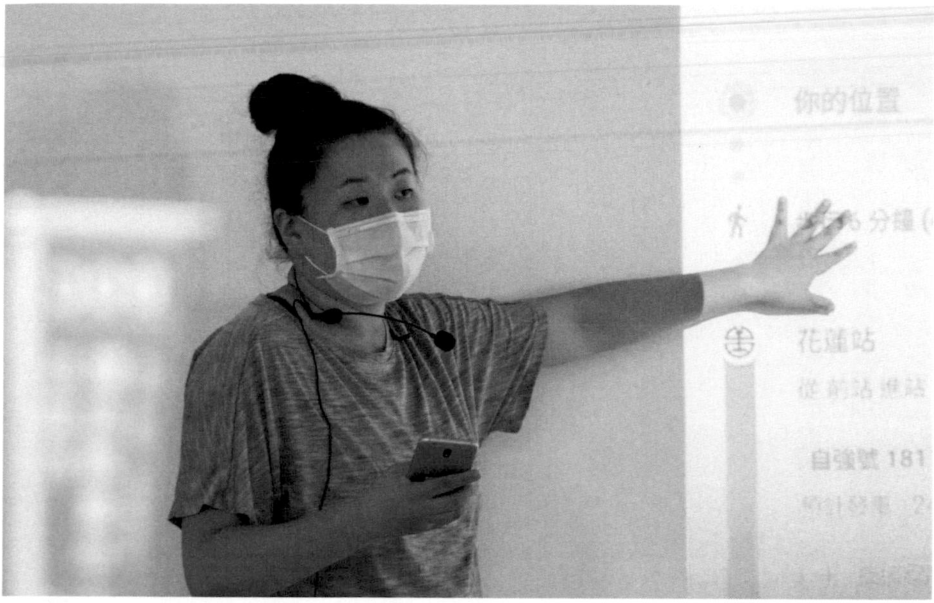
你的位置
花蓮站

教育部
數位機會
中心
新城數位機會中心
Digital Opportunity Center
宜花數位機會中心
Digital Opportunity Center

花蓮市數位機會中心的日常風景

文／童靖倫

「叮咚！」花蓮市數位機會中心（花蓮市DOC）的Line招生群組跳出一則通知，是DOC即將開課的公告，接著不到幾分鐘的時間，課程就額滿了，這是花蓮市DOC駐點蔡依玲的工作日常之一。

大漢技術學院畢業的蔡依玲，最初由學校老師介紹，來到市公所任職，負責市公所的網站營運。剛進入市公所時，網路環境與現今截然不同，Facebook、Instagram等社交媒體尚未發達，單位需要自行架設、運作及維護網站，當時她負責完善網頁的內容，一個人需要顧及許多細節，非常操勞，也使得她身心俱疲，最後終於離開市公所網站管理的工作。

隨著科技日新月異，全花蓮人口最集中的花蓮市也產生大量的學習需求，教育部也因此在二〇〇七年核定花蓮市設立數位機會中心。電腦教室成立後，蔡依玲再次回到她所熟悉的數位領域，來到市立兒童圖書館服務。有別於其他人口外流的鄉村，民眾對數位學習的熱情讓DOC的課程經常供不應求，但蔡依玲從不因此自滿，除了在電腦教室陪伴學員、管理設備之外，她也持續精進課程內容，為花蓮市 DOC 規劃許多精彩的課程與活動。與蔡依玲一同在花蓮市 DOC 工作的柯文仁先生，形容她就像是 DOC 這個數位學習大家庭裡的「花蓮一姊」，任勞任怨、努力且不懈地替花蓮市 DOC 打拚。為了因應新冠疫情（Covid-19），兩人應用教室內的資源，發展出低成本的防護面罩，更重要的是，DOC 秉持創客精神，將設計檔案提供給有需要的民眾下載，讓更多配有 3D 列印設備的單位能以低廉的成本製作防護面罩，使得第一線服務的工作人員能夠得到更多保護。

蔡依玲的辦公室裡，能看到許多「家私」，佈滿空間的裡裡外外。打開工作桌下方的抽屜，裡頭塞著滿滿的絲線、紙材、金屬線材等，此外，她身後的架子上，也擺放著琳瑯滿目的工具和工具書。她隨手拿起紙藝刀模，開始解釋目前正在測試裁藝機的應用，也提到之前用 3D 列印機變出的小吊飾，很受學員歡迎。她和她的電腦教室，彷彿就是一個藏有無窮無盡可能的、小叮噹的百寶袋。

早在「地方創生」一詞出現之前，地方發展的工作便未曾間斷。宜蘭縣、花蓮縣數位機會中心輔導計畫的須文蔚教授曾說，在花蓮，地方創生的工作者們所面對的，是產業和文化的現狀所交織的重重困難。花蓮縣在地方文創協會理事長陳恒鳴則認為，地方創生的精神是以地方經濟發展就業機會，吸引青年回流、企業投資，以此為基礎，帶動地方成長。DOC 則以學習課程為媒介，為地方導入與數位相關的新知與視野，持續激盪種種發展的可能，透過這樣的方式與在地工作者們一同成長。進一步而言，因應種種需求而發展出各種數位技能的蔡依玲，其實是許多地方工作者的縮影，「多工」和「斜槓」，對這些在社區、部落裡工作的人們而言，早已是一種常態。

教育部
資訊 志工
花蓮市DOC
花蓮市數位機會中心

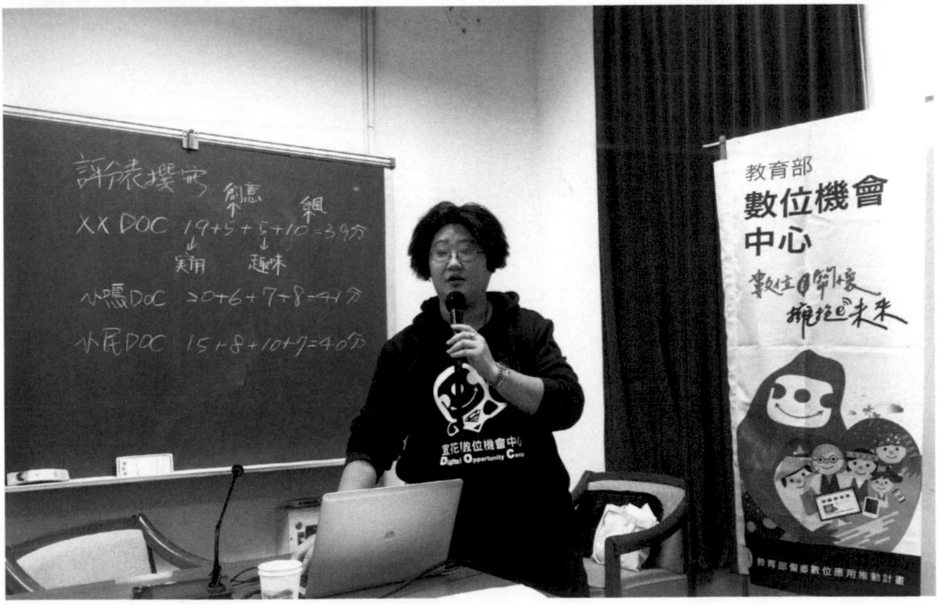
XX DOC 19+5+5+10=39分
教育部
數位機會
中心
宜花數位機會中心
Digital Opportunity Center
教育部偏鄉數位應用推動計畫

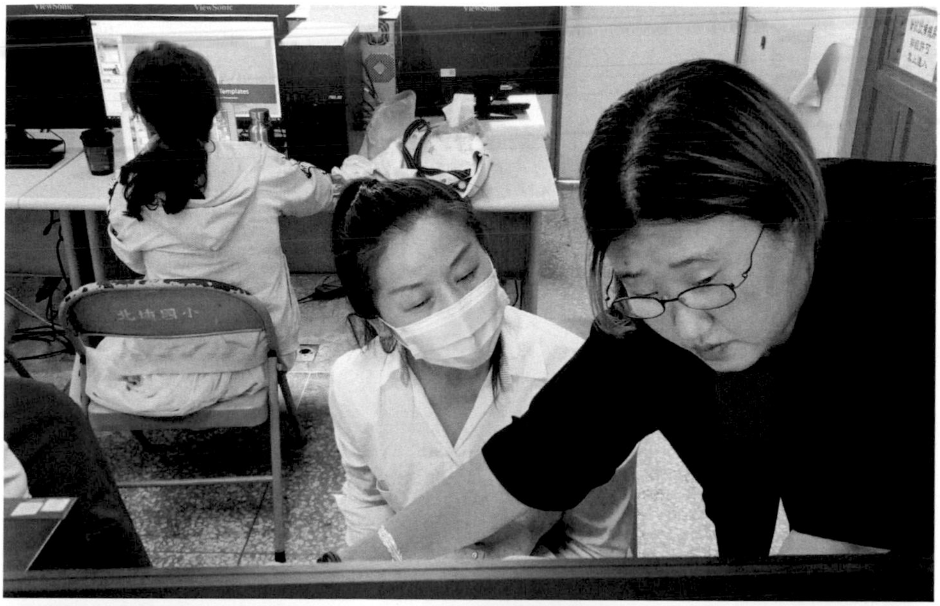

花蓮市數位機會中心的日常風景

不過，實事求是的蔡依玲談論起工作，有條不紊的行事風格十分鮮明，同時還透露著幾分豁達。雖然駐點人員的薪資不高，整體計畫的經費也十分有限，但她覺得，每項工作都會有困難和阻礙，有多少資源就做多少事，持續在現狀和困境中找到許多可能才是最重要的。

來到DOC學習的民眾大多為銀髮學員，雖然懷抱著學習的熱情，但學習速度相對緩慢，衰退的記憶力也讓他們許多事情都必須反覆練習。有許多學員一開始會問自己的孩子3C產品怎麼操作，然而子女總因為工作忙碌、時間不多，往往解釋個兩、三遍，就開始感到不耐煩。「都教過了，為什麼你還學不會？」是阻礙銀髮學員們學習意願的咒語，更為退縮、不敢開口的長者，將失去許多因為數位工具帶來的便利與照顧。

蔡依玲說，自己過去也不太能理解為什麼「教不會」，直到某次推廣課程時，有一位已經失智的老婆婆，只有幾分鐘記憶的她，真實上演「教過就忘」的情節，一直沒辦法完成課堂的學習內容。自此，她對於「辦不到、跟不上」的人，就多了一份理解，總會開玩笑的說：「你來問我啊，我不會另外跟你收錢。」她也提起自己現在一年半載才回家一趟，年紀漸長的父母有許多類似的狀況，有了DOC的教學經驗，讓她在和家人相處時，更有耐心。最後，她平淡地說：「來幾遍我就回答幾遍。」「我現在教了，他現在就是會的，這樣有什麼不好嗎？」

話音猶在腦中迴盪時，午後的陽光照進教室一隅，蔡依玲拿起設備，和前來借用平板的學員閒聊。教室裡三三兩兩的坐著目不轉睛盯著電腦螢幕、熟稔操作滑鼠鍵盤的學員，這是屬於花蓮市DOC的日常，這片風景裡，飽含著對於長者的耐心、理解與陪伴。

花蓮市數位機會中心的日常風景

通往干城的單程票
——秋華姐沒有終點的社造旅程

文／楊周君美

在初英山腳下、木瓜溪北岸，水車隨著吉安圳的水流緩緩轉動，與綿延不絕的稻田相映，舊名初英的干城村，落在花蓮縣吉安鄉的南段，與郊區化的吉安鄉北端、外地學生聚集的壽豐不同，擁有遺世獨立的鄉村景觀，沿溪而行，偶有來自隔壁村的馬匹，載著特殊生漫步廊道。

這裡沒有市區的繁華，也沒有天花亂墜的文創產品，卻如同早已廢站的干城車站一般，靜觀幹道上來往不斷的車流，在山腳下保有尊嚴與自豪地存在著。但在干城社區發展協會擔任總幹事一職的高秋華說，十幾年前的干城，跟其他「鄉下地方」並無二致。

花蓮北區的吉安鄉，是全國人口最多的鄉，因花蓮市人口外溢，自然成為一個兼具生活機能與鄉村風景的郊區，二〇〇八年時，從小生長在台北的高秋華，和長年在北部擔任科技硬體工程師的丈夫李惠倫，因為厭倦了都市的生活步調與高壓的工作環境，便遷居吉安干城，打算在這裡度過人生的下半場。

當親眼看見那棟年久失修，騎樓顯然已經被當作垃圾場的透天厝時，高秋華頓覺未來黯淡無光，恨不得收起行李，回到步行就到捷運、樓下就有超市的台北。她沒有想到，十幾年後的自己，會將「家」的想像安於此處，也沒想到，自己竟能親手改造這個社區的景觀，又將以干城村民的身分為豪。

初到干城時，高秋華坦言日子十分難熬，人生地不熟，也沒有朋友，打起精神想出門探探時，又會在看起來都一樣的鄉間小徑迷路，「當時覺得這裡很落後，這裡破、那裡髒。」但舉家搬遷的他們，已經是騎虎難下，雖然經濟上有擅長電腦維修的李惠倫支撐著，她卻一點都不快樂，只能每天在家畫設計圖、聯絡裝修師傅，試圖與殘破的屋子對抗。

「老實說，一開始進入干城社區發展協會，只是想混日子而已。」高秋華苦笑著說。這樣的言談，和剛招呼社區課程講師，又馬上轉頭與村長商議事情，身後還擺著滿牆社區資料的她相對比，顯得十分違和。原來當時協會理事長，也就是現任的干城村長林世昌，誠懇地邀請她進入社區發展協會工作，她想，去做些基層工作，拔拔草、掃掃地也不錯。不想中途協會人事發生變動，提案與行政的工作瞬間落到她身上，幸好林世昌理事長不厭其煩的帶領她，養成工作默契，讓她逐步提升社區營造的素養與能力，強化為社區奉獻的動力，從此改變了高秋華的生活目標。

時任理事長的林世昌，在干城社區著手推動「培根計畫」與「農村再生計畫」，以當地風土條件為基底，凝聚地方向心力，並培訓當地人才，為社區改造進行規劃、實際改善作業。高秋華就在這一堂一堂課程中，逐步認識了這塊土地的歷史、地理條件，也因此接觸「社區營造」的概念。就此，高秋華從原本提不起精神的生活中，看見了理想未來的藍圖。

髒臭的圳畔能成為親水公園，荒涼的鄉道藏有成為自行車道的潛力，換了視角的她，發覺缺憾即是改善的契機。加班提筆，寫完企劃書，又著手繪製改善示意圖，在這一筆一劃之中，文字推進行動，圖示化為實景，最初讓人倍覺落後的村落，成為周遭社區嘖嘖稱奇的社造模範，因為有林世昌全力的支持與鼓勵她，彼此合作無間，也讓協會社造工作推動更為順利，高秋華也從當初的基層員工，變為社區間人人敬佩的協會幹部。

只要踏入干城，走過乾淨清爽的綠色廊道與五十甲公園，就能感受到社區主事者的用心，干城社區發展協會長年的投入是有目共睹的，然而就如秋華姐所言，硬體升級終有飽和之時，並非社造的終點，那麼社區的靈魂、文化底蘊、知識素養，該從何處來呢？

正當力求突破之時，原位於稻香國小的「吉安數位機會中心」（以下簡稱吉安DOC），也在尋覓下一個落腳處，便與干城社區發展協會一拍即合。李惠倫從前是科技公司硬體工程師，個性敦厚老實的他，以專業技術成為DOC教室的後盾，與擅長交際、人脈廣的高秋華，和長年深耕干城的村長林世昌，成為社區發展的黃金組合，吉安DOC也於二〇一四年交接後，穩健營運至今，而二〇二〇年DOC開課班數與參與研習的學員人數，皆創了吉安DOC成立以來的歷史新高。

高秋華認為，DOC能取得如此豐碩的成果，並不在於使用多麼花俏的宣傳手法，而是將人與人的互動，延續到課堂之外。從聘請的講師，到協助課堂的協會志工，都是對地方懷有熱情的人，例如近來開辦Line貼圖製作、熱縮片課程，即便課程結束，吉安DOC的講師們，也都願意在課後透過社群軟體解答學員們的疑難雜症，DOC駐點李惠倫，也會依學員們的需求，盡力協調開課人數。當整體課程參與的體驗良好，居民們藉著人際網一傳十、十傳百，自然讓參與人數不斷擴增。

吉安數位機會中心(吉安DOC)
天然植物皂
DOC
吉安
數位機會中心
數位機會中心

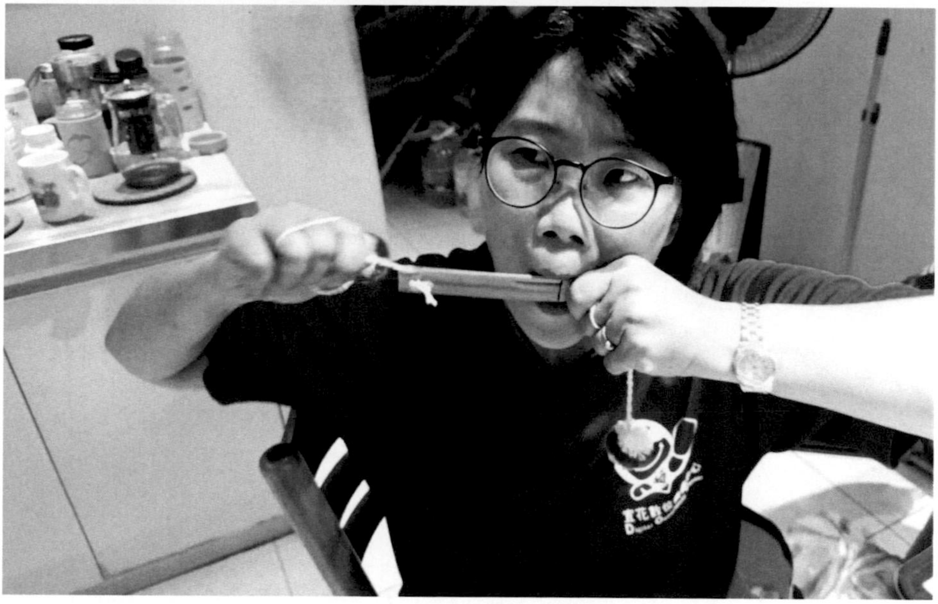

除此之外，吉安DOC也懂得運用優勢，將危機化為轉機。二〇二〇年，新冠疫情(Covid-19)肆虐全球，當許多群聚活動不得不縮減人數，甚至停辦之時，吉安DOC覺察到該鄉的優勢，由於吉安鄉人數眾多，而且與花蓮市相鄰，不論是資訊流通程度，到使用智慧型手機的比例，都較其他鄉鎮高，所以課程不一定得囿於狹小的電腦教室，若主題改為智慧型手機的進階運用，不但能夠換到空間自由的大教室，可以保持室內一點五公尺以上的社交距離，增加參與學員的人數，共享教育部給予偏鄉的資源。

「如果說前期的景觀改善，是還給干城一個漂亮的外觀，那DOC進駐，就是賦予我們靈魂。」高秋華說，藉由吉安DOC近年的開課成果可以發現，這裡不僅關注於技術層面的運用，也開辦自然素材手作課，讓環保概念在培養美感的過程中一併留下；幾門媒體識讀課程，在當今假新聞氾濫的時代變得重要；東華大學臺灣文化學系的郭俊麟教授，也曾到當地開辦地圖導覽課程，讓在地居民更認識家鄉。

綜覽今日的干城社區，已和當初給人殘破、邊陲的印象全然不同，已成為軟硬實力兼有的新興社區，然而社造的主力林世昌在公務繁忙之際，協會許多重擔也落到高秋華的肩上，故培育在地人才持續接手社區工作，是能讓社區永續發展的解方。就如同當年林世昌村長用心栽培她一般，尋找接班人似乎是亟需考量之事。

對此高秋華坦言，要留住人才，其實不容易，因為做社區工作最需要的是「心」。在花蓮的這幾年，她也曾短暫離開干城，到壽豐鄉的東華大學、市區的文化局工作，確定自己的能力，能夠拿到比社區工作更高的酬勞（薪酬），然而當她在外地工作的期間，也觀察到社區人力的不足。

砌石工法
5包1
7包1

1.臉書粉絲專頁按讚+追蹤。
2.填簡單問卷。
3.每天限30名體驗者。
4.現場登記。
5.DIY時間:約1.5小時
請自行評估時間。
新城數位中心Doc / 木宣咖啡

她透過觀察發現單一計畫的僱員往往不願意做更多份外工作的事項，小至清潔環境，大至協助其他活動，缺乏在地認同感，不但時有自掃門前雪的狀況發生，人員也常在聘期結束後消失，所以即使當時在其他單位上班，她也會在下班後來到活動中心，幫忙處理一點雜務。這種放不下心，又喜歡責任一肩扛的個性，也讓她再次回到社區。

高秋華的工作十分繁雜，涵蓋了協會行政、DOC課程，也要協助村長處理村務，定期關懷干城社區裡的邊緣戶，她也不諱言地表示，協會供給的薪資與工作量不成正比，但心繫社區的她，積極爭取任何能讓干城社區更好的機會，「只要力所能及，我就會去做。」

如此心態並非一蹴可幾，這也往往是將社區工作視為一個跳板、一個經驗的年輕人，無法建立起來的態度。

除此之外，干城社區的人口組成，也是讓青年難以回流的一大硬傷。干城村的面積為吉安鄉排名第二，人口卻居於末位，其中老年人口更是佔了百分之十五*，當地人不多，而像高秋華這樣，從外地帶著全家人在此定居又積極參與社區事務的例子也十分稀少。高秋華雖然為此感到惋惜，在她眼中卻不見一絲挫折。在宜蘭縣、花蓮縣數位機會中心輔導團的協助之下，不斷培育各種人才、長年耕耘，DOC的工作，讓她結識不少對社造有熱忱的青年，她相信能在未來的日子裡，尋找到像她一樣非本地出生，卻肯為當地付出的人。

「干城站快到了。」這座連區間車都不再停下的小城，高秋華憑著過人的努力，用熱情匯聚眾人的認同，以美景喚回社區的自信，讓它成為一處值得深愛的家鄉，它或許不會是外人至花蓮觀光的首選，卻絕對是個寧適美質的好所在。

---

* 統計自花蓮縣吉安鄉戶政事務所，一〇九年八月人口統計月報。

凝望家鄉的街道

——專訪楊凡萱

文／楊周君美

微雨中仍自在地走在社區的巷弄裡，對於角落一座階梯、一堵牆，都可以說出一段介紹，她甚至會告訴你，只要看到有電線桿代表一定有路，如果找不到地址，可以從電線桿找到線索，這是擔任壽豐數位機會中心（壽豐ＤＯＣ）駐點，也是牛犁社區交流協會人事主任的楊凡萱。

楊凡萱是從小就參與社區營造工作的社造二代，回憶起自己不同於其他社區小朋友的童年，她表示她從小就開始從事社區服務工作，幫老人慶生或送餐、在社區打掃，稍微大一點就挨家挨戶去作客家普查、協助社區裡的新住民姊妹解決生活問題，對於這些，她一點也不覺得辛苦，反而覺得這樣的童年趣味盎然，因為她並不覺得這些是工作，而是在玩，是和朋友一起去完成一件事，過程很多歡樂。從她充滿熱誠的眼睛裡，彷彿和小夥伴一起掃街、撿垃圾、維持社區整潔，都像是卡通裡的戰隊在維護正義一樣，社區裡的工作像是有趣的任務，所以即使離鄉背井外出求學，她仍然會在每次寒暑假回到社區來服務，畢業之後自然而然地也回到社區來工作。

「比較有趣的是，我返鄉工作一兩年之後，社區有越來越多年輕人回來，這邊的長輩和社區居民從小就看到我們青少年服務隊在社區服務，所以當我們回到家鄉時，不會遭遇異樣的眼光，反而很開心我們能夠回來。相對地，年輕人對社區也有很強的認同感。」楊凡萱認為，這些認同感和關係的連結，都有助於後來從事社區工作時業務的推動，很多問題要克服的時候，因為這些緊密的關係，常常都變得「沒關係」了。

全家人都從事社造，日常生活不離工作，工作成了日常生活，平時飯桌上的話題也離不開社區的工作，對於這樣的生活模式楊凡萱習以為常，而且也以這樣的工作為樂，眼看從小家裡就是父母的辦公室，後來更成為壽豐ＤＯＣ的據點，來來往往的長輩們是父母的工作夥伴，雖然文書或是數位操作的能力有限，但是那份熱忱想必深深印在孩子的心中。現在新的一代來到協會，這些年輕人大多是當年那些阿姨們的孩子，他們帶來更強大的行政能力，甚至具備各領域的專業，文學、多媒體或是勞工安全，為牛犁社區交流協會的發展帶來更多元的力量。

談起壽豐ＤＯＣ，楊凡萱想起一件有趣的童年往事。由於小時候家裡就是辦公室，雖然不算富裕，但是當朋友到家裡來玩，看到楊凡萱家裡有多台電腦和相機等數位產品，都不約而同地眼前一亮，這份自豪感隨著時光荏苒成了一份使命感，壽豐ＤＯＣ一開始是「充滿許多科技產品的寶庫」的印象，如今在她的眼中，ＤＯＣ的亮點的不再是機械與器材，而是更多人文關懷與生命故事。ＤＯＣ的學員有許多都是長輩，一開始只是教他們學習電腦的操作，後來在相處的過程中發現長輩身上有許多值得記錄的經歷與記憶，協會在記錄之後，或是將這些故事轉化成科技面向，例如製作動畫，或是將故事概念轉化為文創產品，例如三媽系列產品，進一步將「故事生命體」做成經濟財，大學時學多媒體的楊凡萱在ＤＯＣ裡看到更多的可能性。

CHANEL.holic

目前牛犁社區交流協會有準備教材、教具前往豐山國小和豐裡國小進行教育推廣，他們不只介紹社區的歷史，也鼓勵小朋友們寫信給社區的長輩，因為他們認為，大家彼此認識、建立關係，是社區裡很重要的事，她表示：「社區的連結性真的很重要！從個人、社區到社會，回過頭來，如果這個社會安全，社群就會穩定，社群穩定後個人的培育跟培養就會穩定，所以串聯個人、社群與社會的緊密關係是我們主要在做的事情。」從社區的孩子一路成長，畢業後回到家鄉來為社區服務，並擔任協會的幹部，楊凡萱歷經了許多人生階段，這些使她對於社區發展有更多層面的考量，對於社區也有深刻的情懷與願景。

訪問結束回到DOC，正巧遇到楊凡萱的家人抱著她的孩子出來，雖然孩子還小，但面對陌生的訪客並不怕生，我們彼此道別後離開。回頭時，我看到騎樓下被抱在懷裡的小朋友正凝望著街道。

這個社區裡，未來一定還有許多精彩的故事發生。

那些走慢的都是我家鄉的風景

文／唐曼婷、賴星宇

人稱「火火」的游焰熾，在質樸的鳳林鎮出生長大，游焰熾童年記憶中的鳳林，是非常熱鬧、繁榮的地方，花蓮其他鄉鎮所憧憬的燈火通明、量販店、便利商店及夜市，這裡一應俱全。隨著產業移轉和交通便捷後縮短停留時間，鳳林鎮逐漸成為花東縱谷失落的小鎮之一，但在返回鳳林的火火眼中，這樣反而讓鳳林保留了農村的美好，這是大城市無法給予的。

升高中時期，雖然曾想過要學照顧動物的獸醫，那時資訊科技正起飛，後來還是改選了「可能比較好」的資訊科技領域，大學也順勢離開家鄉前往高雄樹德科技大學就讀電腦與通訊系。畢業前夕，設計系室友的畢業製作，讓他燃起對設計領域的興趣，這種考試沒有標準答案的學院，好像更有趣，技術性延畢兩年後，同時取得「電腦與通訊系」與「視覺傳達設計」雙學位。

畢業後游焰熾隨即進入一間剛上市的新創設計公司，每日應戰永遠趕不完的企劃案、上司主管的日夜盯梢、無止境的加班，與責任制沉重的枷鎖。每日早出晚歸、繳完房租扣掉生活費，薪水所剩無幾。也因為這兩年的歷練，讓游焰熾培養出實戰力。

「從第一份工作離職後的空氣都是甜的。」游焰熾後來進入員工福利優渥、工作氛圍舒適的大公司負責商業設計規劃。工作五年後，游焰熾覺得在大公司擔任「小螺絲」，認真地做完份內工作，不像在設計公司時充滿挑戰，過的安穩舒適。安逸的日子一天一天過去，突如其來收到父親生病的消息，那半年頻繁的來回台北鳳林兩地，每一次的來回，都讓他思考城市與農村生活的樣態，與自己想做的事，成為他返鄉契機。

回到鳳林後，游焰熾靠之前在台北累積的人脈和舊客戶，開啟在家接案的「Freelancer」生活，但很快就面臨接案數量下滑，與維繫往日人脈的危機感。游焰熾想，勢必要開發在地客群，但在工商業並不發達、無所競爭可言的小鎮要從何找到客群呢？

除了客戶來源不足的壓力，游焰熾也要面對家中長輩「為什麼不出去工作」的質疑。雖然自由工作者上班地點跟時間相當有彈性，但若長日待在家工作足不出戶，長輩會顧慮自己的孩子被誤認在家裡啃老、無所事事，被貼上「北漂失敗回家取暖」的標籤。

「不然你就去考個鄉公所嘛！」每回撞見游焰熾又窩在家裡默默敲著鍵盤，母親總是憂心忡忡地勸道。游焰熾說，從外地學成返回鳳林生活的年輕人，因為經濟發展停滯，創業艱辛，通常都會到農會或鎮公所當辦事員，或在小學當代課老師。

游焰熾工作期間，除了平面專長，也學習3D繪圖技術，讓創作從平面走向三維空間。結合自身程式設計與視覺設計專業背景，一手掌握設計、開模，到製造，盡情揮灑創意令游焰熾著迷。

為了在自己引以為傲的鳳林小鎮扎根發芽，游焰熾用水庫底淤泥製成「樂土」為媒材，運用3D列印建立模具後，創作出獨特的動物造型紙鎮、花器，與杯墊等文創商品，結合科技、創意，並融入環境再生概念，將游焰熾對動物與自然的喜愛，體現在產品開發與循環經濟的運用上。

游焰熾以作品「水泥犀牛」，叩響在鳳林具在地社群凝聚力的「鄉村小屋」咖啡店大門。鄉村小屋是在地學生、年輕人，及家人聚會、喝茶的好所在，更是向外輻射、串連各式社群的基點。

鄉村小屋咖啡店的老闆娘魏曼玲，長期經營社群團購，精準的選物品味，培養許多忠實客戶。魏曼玲第一次見到游焰熾的作品時大為驚喜，她提供店內最顯眼的展示櫥窗，並召開盛大的產品發表會，線上直播觀看人數甚至突破八千人大關，遠遠超乎游焰熾對小鎮社群能量的想像。

為了走出家門工作，游焰熾與朋友們齊心協力整理靠近車站的一幢老房子，打造成文化沙龍與休閒遊憩的場所。走進中庭的天井，多肉植物盆栽沐浴著陽光，一片生意盎然。游焰熾興奮地從一株盎然的檸檬樹摘下一片葉子，搓揉良久而溢散出的香氣，是夢想發酵的清新氣味。這裡有游焰熾的「泥藝工坊」工作室，以及青年農夫鄭仁壽經營的「拾豆屋」。老房子入口處販賣本地生產有機黃豆製成的豆花與豆漿，等特色食品，口味隨季節推陳出新。也有其他合作夥伴寄賣的文創商品，包含手工藝鋼筆、刻章、茶葉、香氛，以及地方刊物。舊倉庫琳琅滿目的商品與小而精巧的空間，成為鳳林青年弘揚夢想的基地。

屋內轉角的書架，每一格皆來自於不同夥伴的捐贈，是他們造設的一隅知識角落。游焰熾的書格中，陳列的是一系列地方創生選書，記錄了游焰熾接觸並實踐「地方創生」的路徑。

上｜泥藝工坊－游焰熾。
下｜擔任鳳林數位機會中心講師的上課照。

上｜游焰熾樂土作品。
下｜游焰熾為 DOC 學員解說雷雕創作原理。

游焰熾說，他很享受將腳尖探入田地的泥濘之中，被簇擁、包覆、接納的過程，儘管溼滑、儘管沈重，但他打從心底知道，家鄉的土應該是可以好好接住每個想回來的人，被鳳林重新接住的游焰熾，不僅奔波各處參與共讀會，自己也在當地舉辦共讀會。有想法的年輕人因而得以相聚討論指定或非指定書目。如何將城鎮的慢活生活扎下文化底蘊的根，成為了試圖向外伸展枝條的鳳林人，首當面對的課題。

在鳳林的生活一日、接著一日，或快、或慢都是游焰熾的腳步，那是台北的慣性步調在面臨時差之際不自覺地跟著放慢速度，隨之共舞同時更視節奏引領躍動。他說，家鄉的泥土總是和煦溫柔，儘管在淤泥中前行不免吃力，但一步、接著一步，那些走慢的，都成為他人生下一階段不容錯過的獨家風景。

五月的烈陽抵不過人與人共榮而沸騰的滿腔熱血，放眼水源路人潮洶湧來去，那波因「火火」而在、而暗湧伏動的欣喜目光，如今也正蟄伏在土地的血管中，傾注不息，並且流淌人間。

吳建安的貓公復興時期
——連結社區與青年

文／王文瑾、周家祥

貓公地名來自阿美族對「文殊蘭」的發音，相傳祖先來到此地時，眼見遍地的文殊蘭，不但能入藥，生命力也十分堅韌，砍除後很快又長滿大地，夜裡還可從遠方看見文殊蘭在月光中發出反光，照亮了整個山頭，便決定將此處命名為「貓公」。

位於花蓮海線中後段的貓公部落，是許多旅人環島的必經之處，穿過蜿蜒省道，從部落到花蓮市區，需要至少一小時。明明是東海岸最大的阿美族部落，這裡卻彷彿一個巨大的休息站，遊客往往只在這稍作休整，便繼續旅行。

在戶政事務所擔任戶籍員的陳香梅女士，曾在外地打拚多年，是因父母年邁，才返鄉工作，而她的丈夫在萬榮的林務局上班，經由光豐公路通勤，單程花費就需要四十分鐘左右，兩人習慣了貓公部落的生活步調，並未想過要離開，但三個孩子在完成學業後，都選擇留在外地工作。

「外面的薪水才是薪水。」同是戶政事務所專員的蔡珍秀如是說道，她表示部落其實並不是沒有工作機會，但青年返鄉的意願始終不高。

擔任花蓮縣豐濱鄉豐濱社區發展協會理事長的吳建安，同樣也是曾在外打拚，又回到貓公就業的一份子。他返鄉後，先是在豐濱鄉鄉公所兼職，爾後才接觸到有關社區發展協會的事務，第七屆時正式接任了協會理事長。二〇二〇年是他接任的第四年，明年因為協會的規定，就要改選，但吳建安覺得還有很多事情沒步入軌道，所以有繼續接任的意願。

吳建安最關心的，除了部落的文化傳承外，還期望部落的環境能夠越來越活絡，使那些遠在外鄉工作的部落青年，有返鄉工作的意願。

貓公部落位於豐濱鄉的中樞，受現代化的影響較深，所以技藝的流失特別的快。雖然新建了兩間編織工坊，但卻缺乏續存文化的活水，長者們年紀大了，記性也變差了，本來可以獨自完成的編織作業，現在需要將每個人模糊的印象拼湊起來，才能完成完整的作品。

在過去，部落中曾有人擅長編織斗笠，或利用黃藤編織生活器具，但隨著道路的開通、商業的往來，許多生活用品有更便捷的方式可以取得，人們不再願意花費那麼多功夫和時間，去製作日常生活用品，導致這些珍貴的技藝也漸漸失傳。

吳建安建設工坊的初衷，除了想讓部落技藝傳承下去之外，也希望能夠讓部落長者找到事做，體驗到教學的快樂。但事情並不如想像中的順利，工坊復原了編織技藝的流程，但部落中鮮少有人願意學習這些傳統技藝，而淡忘族語的年輕人與長者間產生的溝通障礙，也加深了傳承的困難度。

幾乎人人都明白技藝傳承的重要性，但每個人生活的優先順序不同，罕有人願意抽出時間學習。這並不只是貓公部落的問題，在全球化的浪潮下，鮮少有地區能夠倖免，少數族群往往面臨著傳統文化失傳、或是無人傳承的窘境。

不單單是編織的身體記憶淡去，人們口中的音調也逐漸遠離前人。曾擔任過豐濱國中舍監的蔡珍秀表示，雖然學校有安排族語課，但部分孩子們只是為了通過族語認證，取得在升學上加分的資格，並未察覺自身文化的特殊性，加上教育部所編列的族語課本，有許多外來語及新詞彙，與前一代所熟悉的族語有諸多出入，反倒增加雙方的溝通障礙，孩子們鮮少在日常對話中使用族語，到了外地念書後更加嚴重。

為了找回族群的凝聚力，在吳建安接任協會理事長後，舉辦了第二屆的貓公路跑活動，邀請外地的族人返鄉參加，此外，二〇一九年也首度舉辦了結合童玩的彈弓競賽，和效仿端午划龍舟、結合傳統技藝的竹筏競渡比賽，希望能吸引部落人口回流，同時將傳統文化傳承下去。

至二〇二〇年為止已經舉辦四年的貓公路跑，起點從貓公部落出發，終點是八里灣部落，面向部落的聖山——奇拉雅山（Cilangasan），沿途可見河岸及美麗的平原，全長約莫八公里。吳建安表示，最初是希望能夠透過路跑，提倡部落居民外出運動，同時，也鼓勵在外地工作的族人回到家鄉，讓雙腳踩在家鄉的土地上，傾聽山林和溪流的呼喚，回到祖靈的懷抱。從二〇一八年開始，也結合DOC的網路資源，開放全台各地的人共襄盛舉，一同認識貓公這塊寶地。

「吳建安是一個很有理想的人。」在DOC擔任輔導員的陳日瑒如此說道。他很客氣，不會讓你覺得熱情過了頭，他有很多理想性的東西去完成，為了這些事情去找人交流、幫忙，而從居民口中，也能聽見他們對吳建安近幾年舉辦活動、增設工坊、為社區的凝聚力努力的讚許，大家都有感覺到部落正在改變，朝一個好的方向在轉變。

上｜豐濱社區發展協會理事長吳建安。
下｜貓公部落舉辦輪傘草編織體驗遊程。

上｜豐濱 DOC 駐點汪一玫。
下｜產地到餐桌課程邀請史法蘭老師（左三）擔任講師。

自從開始擔任ＤＯＣ的輔導員，陳日瑒便接手了豐濱地區的點，距今已經有五個年頭，看著原本只有三個常駐人力，成長到八個人力以上的團體，陳日瑒非常肯定協會的努力，接手許多計畫的他們，讓部落慢慢變得活絡。

民宿「天空的院子」的老闆曾說過：「你回到偏鄉一定不是為了解決偏鄉的困境」。回到偏鄉、故鄉並不一定是為了解決什麼問題，但若不回去，就永遠不會發現問題並解決掉它。

大多返鄉青年當初會回到部落，常是因為外地的推力，而不是抱持著「我希望我的家鄉能變得……」的想法回到故鄉。但吳建安就是那返鄉後，意識到部落困境，並起身改變的人之一。

即便這塊土地，曾在無可逆轉的現代化下默默黯淡，但如今有吳建安這樣的人，用堅持不懈的精神復興文化，試圖喚醒族人們對工藝、山林、母語的記憶，喚起眾人強韌不摧的靈魂，再次照亮貓公的山頭。

我們所看見的星芒
——關於光復數位機會中心

文／程映昕

晚間八點，剛哄完孩子入睡的楊蕙綺正準備享受疲憊一天後的個人時光，手機突然響起提示音打破寧靜的片刻。

「蕙綺打擾了，想請問剪影片的聲音大小怎麼調，謝謝。」楊蕙綺會心一笑，今天剛上完影音剪輯課，已經有認真的學員開始練習操作。她絲毫不在意休息時間被打斷，馬上回覆在線等待的學員解決方案。

對光復數位機會中心（光復ＤＯＣ）銀髮學員來說，楊蕙綺就是行動數位知識庫，只要有數位科技的疑難雜症第一時間都會向她諮詢。同時楊蕙綺也是ＤＯＣ熱門講師，任何針對銀髮學員開設的基礎數位課程，找她一定能讓學員收穫滿滿的回家。其實楊蕙綺並非資訊專長出身，學中文的她最初走進光復圖書館的原因，是為出生剛滿三個月的孩子尋找繪本。光復圖書館館長戴美鈴對這位勤勞的讀者印象深刻。後來光復ＤＯＣ釋出駐點人員職缺，戴美鈴便詢問楊蕙綺是否有意願接下挑戰，就這樣楊蕙綺從圖書館的常客成了ＤＯＣ的駐點人員。

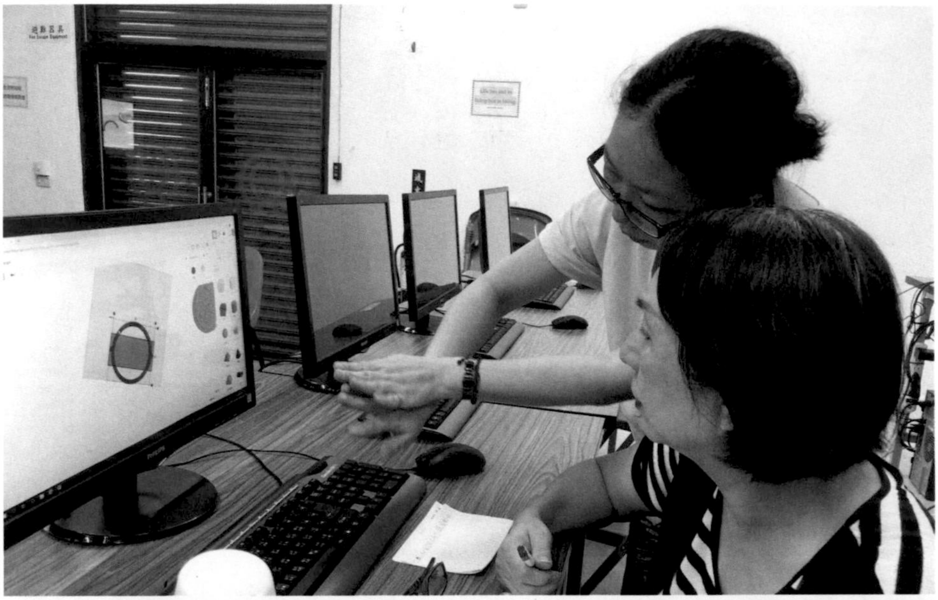

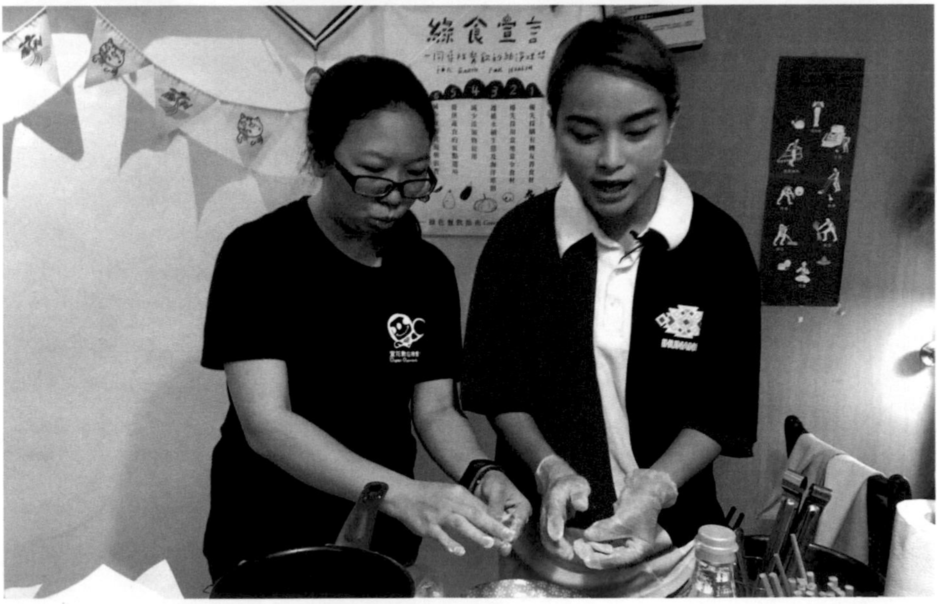

上｜開設 3D 列印課程讓民眾體驗新興科技應用。
下｜辦理箭筍料理直播活動，介紹在地農特產品。

光復DOC雖設置在鄉立圖書館中，但前幾年營運非常辛苦。戴美鈴表示，學員覺得數位科技距離日常生活太遙遠，每每開課招生都非常辛苦。館長除了操心圖書館事務，也需要幫忙DOC招生，蠟燭兩頭燒。戴美鈴說：「那個時候真的很灰心，原本想撤點、打退堂鼓了。」戴美鈴苦笑著敘說當時百感交集的心情，但她欣慰地說：「不過現在有了綺綺，一切都越來越好了。」

楊蕙綺大學畢業後曾在台東四維社區擔任計畫助理，因此DOC的行政工作很快就上手，也對社區業務推動的眉角有敏感度。楊蕙綺二〇一八年接任光復DOC駐點人員後，將過去的一身本領，都應用於這份挑戰上。開設課程是DOC駐點人員最重要的負責事項之一，要能熟悉並推銷課程內容，也必須有在地的人際網絡尋找學員，相當挑戰駐點人員的行銷與公關能力。楊蕙綺很快地找到了一套有效的方法，先透過學員熟悉的Line建立學員群組，開課前調查學員有空的時間，同時透過電話及網路社群雙重管道邀請與聯繫學員，主動出擊邀請學員來上課，一改過去被動等待學員主動報名方式，解決以往開課招生困難。

駐點人員負責規劃DOC年度的數位課程，課程發想首要貼近在地發展與民眾生活需求，以此為核心設計出有趣、吸引人的內容。此外，每年宜蘭縣、花蓮縣DOC輔導團也會導入新的數位科技應用，像是健康雲端血壓量測服務，或是空拍機、3D印表機，及雷射雕刻機等，並企劃各種主題式課程，如「畫出我的家鄉」帶領長輩平板繪圖，與「大數據動植物辨識」認識阿美族野菜等，讓數位科技走進生活。

楊蕙綺觀察，社區關懷據點和原民會文化健康站因服務對象以銀髮學員為主，會優先開設「基礎平板／數位生活應用班」透過跟著YouTube唱歌、平板繪圖來熟悉平板電腦操作，也開設「E

購物幫手」課程，帶長輩到鄰近的便利商店體驗等基礎數位課程；針對一般民眾學員，則規劃海報設計、企劃書撰寫熟悉文書軟體操作，也會開設熱轉印、雷射雕刻，或3D列印等課程，結合手作體驗，吸引親子學員報名上課。楊蕙綺說，光復DOC課程設計除了具有實用性外，駐點人員也會在安排課程時加入趣味性的元素，像是「數位料理王」教社區媽媽們在課堂中製作自己的手路菜，學習用手機記錄食材、拍攝料理步驟，製作成食譜上傳到「愛料理」等食譜社群平台分享。具有地方感與生活感的課程設計，讓楊蕙綺培養了穩定的學員班底，楊蕙綺說：「現在只要張貼光復DOC開課訊息，很快就有學員來報名。」

楊蕙綺分享，DOC的課程最有挑戰的地方，在於和在地團隊與文化探尋的合作。以課程為起點，慢慢拓展出光復鄉運動員的文史紀錄，亞運田徑選手吳阿民、少棒教練陳建榮，透過影像記錄光輝的運動史，也為在學選手加油打氣。二〇一一年與「山嵐海燕文化工作室」合作，記錄亞運選手田阿妹傑出的運動生涯，以及回到馬太鞍部落進行阿美族舞蹈傳承的教育貢獻，聽著田老師分享編舞歷程、展示配戴的頭飾，與在地團隊一點一滴挖掘與累積紀錄，心中感到踏實而有成就感。

楊蕙綺喜歡在DOC學習到的新鮮事物和高科技，以及發想課程的成就感，和銀髮學員學習新知後的滿足神情，讓楊蕙綺從沒想過要離開這份工作。

光復DOC的業務服務範圍涵蓋鄉內十四個村落，楊蕙綺常常需要配合會議或開課四處奔波。除了DOC的業務，喜愛閱讀的她也協助圖書館業務，並結合圖書館與DOC的資源，辦理「兒童讀書會」。儘管時常遭遇困難和挫折，但楊蕙綺從不輕言喊苦，她淡淡的笑著說：「儘管有時

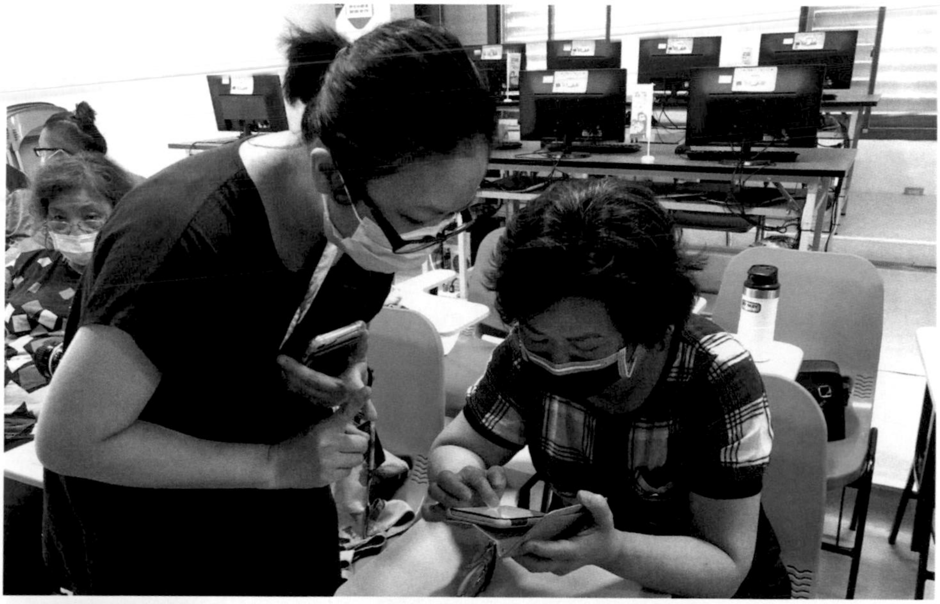

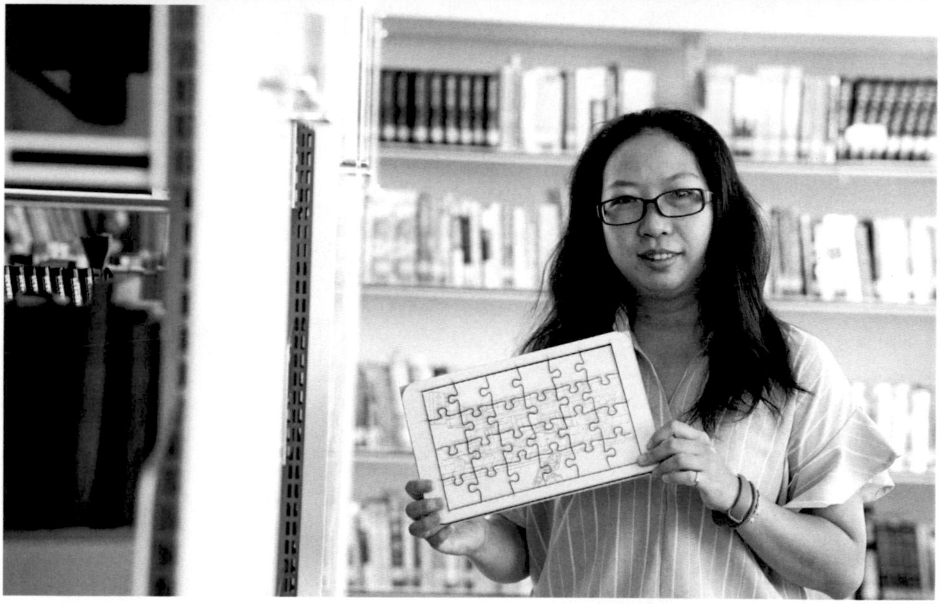

上｜蕙綺熱心協助學員解決手機操作的疑難雜症。
下｜運用雷雕製作在地特色拼圖，讓圖書館有更多元的學習體驗。

很累，但我從來都沒想過放棄這份工作。」當初跟著楊蕙綺一起在圖書館閱讀繪本的三個月大的嬰兒，也跟著媽媽到各地出差、四處開課，前來上課的長輩看到小小助教都高興得不得了。

楊蕙綺大方分享她開課的小撇步，就是「多看多問」。只要有機會，她便會到鄰近的DOC課堂上觀摩學習。她也積極參加輔導團隊的種子師資培訓，學習不同新科技的運用與教學技巧，成為DOC的講師群的一員，現在在其他鄉鎮的DOC，也能看到她認真授課、不厭其煩重覆教學示範的身影。

李菊英奶奶某次前往圖書館借書時，恰巧看到光復DOC開課的宣傳海報，自此成為光復DOC的忠實學員。她有一本專屬於DOC的筆記，記錄參加DOC課程一年半以來，每門課的主題、授課講師和上課內容，裡頭滿滿用心上課的證明。

「蕙綺她很熱心、很認真。」「要不是蕙綺昨天打給我，我真的會忘記今天要上課。」李菊英奶奶不好意思地笑著拍了拍腦袋。「我想在光復數位機會中心一直上課上下去。」

光復DOC營運至二〇二〇年邁入第七年，戴美鈴館長說，光復DOC在楊蕙綺的經營下發展的越來越好。尤其是社區資源的串聯越來越活絡，社區關懷據點甚至會主動詢問是否有合作機會。「現在光復DOC越來越多『常客』了，也因為這樣光復DOC的課程也越來越進階，才能符合學員的數位程度和需求。」未來光復圖書館希望更緊密的整合DOC的資源，推動數位閱讀與創客應用，也與在地夥伴團隊們共同努力，讓光復DOC成為在地文化與數位知識的寶庫。

點燃193縣道的數位學習的火苗

文／崔曼芸、許桂寧

談起玉里，夏季與日光相映的金針花海隨即映入腦海，在赤柯山腳下的193縣道，還有玉里數位機會中心（玉里DOC）、教育部樂齡學習中心，及原民會文化健康站，一起點燃當地數位學習的火苗。

玉里DOC原設置於玉里鎮公所圖書館，玉里鎮是花蓮南區重鎮，也是花蓮縣人口密度第二高的鄉鎮，當時玉里DOC開課對象以玉里鎮的民眾為主。而後因鎮公所重新進行任務配置，時任卓溪DOC駐點人員的邱翠琴，想到曾與位於赤柯山腳下的高寮社區發展協會合作開課愉快，且高寮社區位於193縣道中段，有助擴散DOC服務到193縣道沿線的社區和部落，因此積極協助高寮社區爭取，將玉里DOC遷移到資源較少的高寮社區。

邱翠琴接下玉里DOC後，將DOC定位為「193縣道上的愛」，她希望讓193縣道上的十幾個原民會文化健康站，和一個教育部樂齡學習中心服務的銀髮學員們，能享受數位所帶來的便利性，讓婦女學員們可以接觸到更多的新事物。沿著193縣道，邱翠琴慢慢將玉里DOC開課範圍擴展到河東、河西，也重新服務玉里鎮民，到二〇二〇年，玉里鎮十五個村里，都有DOC的學員。

邱翠琴強調數位課程內容要與生活應用結合，才能讓民眾愛上數位學習。她結合行動支付與烹飪課，帶婦女學員們前往賣場和便利商店實際使用行動支付消費，採購食材後回教室一起烹飪，烹煮的過程還要將食材和步驟逐一整理成文字並拍照紀錄上傳社群平台，融合數位應用新知、實務操作，還能大飽口福的課程規劃，讓課堂充實又有趣。

在教導六十歲以上的銀髮學員智慧型手機操作時，用「修圖軟體」帶大家穿越時空，看見年輕美麗的自己，便開心得想上下一堂課。邱翠琴認為，雖然銀髮族的學習能力有限，但能從學習中得到快樂最為重要。

為了讓學員有好的教育品質，邱翠琴從培育在地師資開始做起。要成為玉里DOC數位課程的老師，至少需要接受十二小時的培訓以及定期的講師會議，除了專業數位知識以外，包含教學場地配置、事前備課、課後回饋，也要提升靈活變換數位課程內容的能力。

邱翠琴說，每個原民會文化健康站的長輩人數從十五位到六十位不等，除了開課的講師，隨班的照顧服務員也必須具備相關的專業知識，才有辦法真正照顧到每一位長輩的學習需求。因此，她也鼓勵照服員前來上課，像是「文書處理班」、「數位轉印站」和「商品包裝設計」等應用課程，加強照服員寫教案、做簡報，建立數位知識和教學功夫底子，希望在地的照服員也能為數位推廣做出更多貢獻。

邱翠琴讓在地人教在地人，培訓當地種子師資，增加就業機會的同時，也提升當地人留在家鄉的意願。鐵份部落文健站的照顧服務員王春菊表示：「翠琴老師感覺就像我的姐姐一樣，鼓勵我去當講師，也提供許多教學的指導，她真的是一位很棒、很好的老師。」

玉里DOC同時也是玉里小農的數位行銷平台。「清優嶺（農特產品行）」創辦人黃文政，參加玉里DOC開設的數位行銷課程後，學習產品攝影、架設FacebooK粉絲專頁，他為自家有機無毒耕作的農產品，拍照或製作宣傳影片後上傳至粉絲專頁，成功地將自己研發出來的冰釀香水檸檬乾，與無毒白肉火龍果等農產品推銷出去，並造成搶購熱潮。黃文政也運用「3D列印」和「商品包裝設計」兩堂課所學到的數位技能，設計出符合自家品牌形象的商標與包裝，除了更貼近自家產品的特色，也能節省行銷費用。

社區口中的翠琴老師，總是熱心奔走於各村里推廣數位學習。

課程規劃線上解謎的遊戲關卡建置，可以融入在地景點介紹，推動社區遊程串聯。

上｜用種子串起的美麗吊飾，結合雷射雕刻獨具特色。
下｜透過課程推廣讓更多數位科技應用在生活之中。

邱翠琴為協助更多小農行銷，玉里DOC也與高寮社區發展協會合作安排社區小旅行活動，將在地農產品結合觀光，被更多人看見，進而推廣社區。如二〇一九年舉辦的「社區小旅行」，在金針花季前邀請小農參加市集活動，在市集活動中小農們要運用在DOC所學的直播技巧，介紹自己的商品、赤柯山導覽，及手工DIY線上示範等。市集活動的合作店家，也成立線上訂購平台，提供自家產品網路訂購管道。

邱翠琴認為，要讓DOC計畫永續經營，建立良好的在地教學網絡，是非常重要的一環。她安排講師定期聚會，一同討論課程規劃，人力方面安排。近年舉辦的講師聚會中，邱翠琴發現有許多不同專業背景的夥伴加入，包含文化典藏及攝影專業人才，她會依據講師專長，安排合適教授的數位課程。

邱翠琴非常熱心投入社區公共事務與數位推廣，運用數位科技協助促進老人長照健康、人才培訓，及農產品行銷等。即使推動上遇到困難或阻礙，邱翠琴也會不厭其煩地跟學員、講師還有輔導團溝通，她的熱情激發許多在地人數位學習的意願。

邱翠琴覺得，為社區做的每一件事，是源於服務奉獻的精神，秉持著這樣的態度，她將過往的社造與教學經驗，投注在台193縣道上的家鄉，讓互助的星火映於鄉間。

依山而行，傍水而居

——部落兒女曾子昂的洄游人生

文／彭暐琪 謝文婕

每年總有絡繹不絕的遊客，為挑戰八通關古道而踏上卓溪。這個位於花蓮南端、背倚中央山脈的山地原住民鄉，不若熱鬧的玉里鎮，在產業分布與觀光業尚未成熟的因素下，卓溪雖是由東前往八通關古道的必經之地，人群卻往往飛速駛過田野，鮮少注意這塊蘊藏著深厚文化的土地。

外人總是經過，部落的青年們也總是離開，在車流往返之間，卓溪正面臨著人口流失的問題，但卻有這麼一個人，雙腳踏在這片土地上，就此生根，雙眼穿過鏡頭，容納今生最愛的女子，從此不移。他，是曾子昂。

從小在北部成長的他，在大學畢業後參與電影《賽德克・巴萊》的製作，那個賽德克語、日語以及漢語交織的片場，從不同族群而來的演員們，反覆操練著不同的語言，試圖回到遙遠的時代。就在這個時刻，曾子昂想起了外婆往返家鄉——紅葉部落的身影，也想起了自己身上，傳承著來自太魯閣族的血液。

「尋根」的想法就此萌芽。

電影殺青之後，曾子昂開始投入原住民族的研究，他先後撰寫了電影書《本色・巴萊：《賽德克・巴萊》演員魅力寫真書》以及演員傳記《因為有雨，所以彩虹：原民漢子林慶台的生命故事》。他採訪過北部的原住民青年，也採訪了飾演莫那・魯道的演員林慶台，從林慶台先生的口中，曾子昂窺見了原住民的真實處境，從林野的傳統生活，一路到升學與謀職的不易，都是從小生活在都市的他難以想像的生命經驗。也因此他更注重記錄原住民社會運動，以及傳統文化保存的議題。

曾子昂的旅程，在其後逐漸往東部深處行去，他應友人之邀來到卓溪，進行布農族八部合音的影像記錄。青年的鏡頭記下了開著白色小花的苦茶樹、部落耆老的織布、偶爾現蹤的台灣黑熊、以及後山的大片竹林，最終畫面一轉，停駐在眼前的布農族女子──蘇少虹身上。

彼時蘇少虹才剛離開台北不過三、四年，因家人的邀請，來到卓溪進行數位志工的工作。起初來到這裡的蘇少虹，看著陌生的風景與人事，她知道自己既屬於這塊土地，卻又和卓溪如此陌生，這種若即若離的經驗，讓她跟曾子昂之間產生了共鳴，而她，最終也成為了曾子昂留下來的理由。

留在卓溪的曾子昂，開始與蘇少虹一同推動社區發展的工作，他運用自己影像製作的專長，幫助卓溪的部落進行地方產業的規劃與紀錄。在他的鏡頭底下，有著愛人的身影、東部的山峰、以及後山一整片竹林的迴響。

微微的風吹過縱谷，環繞著「神音之鄉」的竹林隨風婆娑。這裡的植被保持著原始的模樣，濕潤的坡地正適合竹子生長。位於卓楓國小旁的社區活動中心，小巧的竹風鈴也因風擺動，製造無數共鳴，曾子昂說，這就是當初蘇少虹埋首創作的手工藝品之一。

Pasibutbut，最為人所知的名稱是「八部合音」。最初是向天神祈禱豐收而唱，經由日本民族音樂學者黑澤隆朝記錄後，成為享譽國際的民族音樂。

在吟唱「祈禱小米豐收歌」的時候，族人們會手環著手圍成圓圈，運用共鳴將祝福傳遞至天神之處。這個布農族獨有的八部合音文化，也是古楓部落竹風鈴的形象來由。將一個個竹筒排列成如同八部合音的環形，編製成風鈴，當行過縱谷的風撫過竹製的撞錘時，祝福便會透過清脆的竹音，傳至部落的每個耳畔。

竹子在布農文化裡其實沒有特殊的涵義，起初只是因應建材的需求而栽種，近年來對竹子的需求下降，部落遂將竹子製成文創商品，將傳統的美好祝福結合全新的材料，誕生出一個浪漫、又富有人文氣息的新故事。

除了創新的產品，這裡也有著歷經年歲的舊時技藝。部落長者一手握住木椿，一手熟稔的上線，完成一個迴圈再細細整經，這是現代部落裡常用的織帶機，使用的步驟在鏡頭裡一幀幀清晰呈現。曾子昂正致力於口述歷史影像紀錄，與傳統技藝的保存。無形文化資產不同於古蹟或歷史建築一般，有實際的形體供人瞻仰，若擁有技術的人才逝去，技藝也將隨之消失，而如何保留住這些文化，便成了刻不容緩的問題。

「今天採訪過一次，檔案一遺失，也許十年後又得再採訪一樣的故事。」曾子昂如此說道。雖然荒謬但卻是事實，由於過去的管理者缺乏數位保存的觀念，許多有價值的資料，可能就因設備更替而遺失，他認為這樣的失誤不該在數位時代裡重蹈覆轍，所以偏鄉的數位科技教育，也是DOC工作者的主要目標之一。

上｜透過竹風鈴 DIY 體驗向民眾介紹布農族八部合音文化特色。
下｜ 2021 年辦理「未來教室」營隊，推動影視教育向下札根。

上｜曾子昂（右）與蘇少虹（左）一同參與布農傳統種植文化記錄。

中｜曾子昂（右）與蘇少虹（中）用影像記錄卓溪「Masuhaulus 嬰兒祭」活動。

下｜辦理文史記錄課程，記錄瓦拉米步道至佳心舊社沿途的文化與自然風光。

在這個願景之下，曾子昂扛著攝影機走遍社區的一間間長照站，聆聽長輩們身上帶著烽火氣息的百年歷史，從日治時代以來的流離，到親友愛人之間的羈絆，一個時代的圖像刻劃在長者們的身上，直至今日方透過曾子昂的紀錄獲得展現。

歷史的回憶、傳統的技藝、原住民傳唱許久的林班歌……，這些曾被時光的長浪湮沒的寶藏，藉由影像記錄獲得了另一種形式的傳承。這幾年來，除了曾子昂之外，也有著許多有部落意識的青年，正在進行文史資料的保存，關於下一個階段的任務，曾子昂表示，希望能運用雲端技術，建立出一個統合的部落文化資料庫。

回想這趟旅程起始的那一年，曾子昂初踏上卓溪的稻田阡陌，在他手中持著的攝影機，錄下了八通關山風登山口處，一批批來來去去的遊客。而如今，他與妻子蘇少虹，正在協助卓樂與南安部落開發原住民風味餐，希望每年慕名而來的登山客，不只是停留在富里或玉里，也能在卓溪這塊富有文化與自然氣息的土地，留下駐足的身影。

從此往後，青年的鏡頭裡將會出現來自島嶼各處，踏尋文化記憶而來的人們，也會有北漂後依舊心繫家鄉的部落青年，在他記錄下的影像中，將會有竹鈴的祝福、稻浪的颯響、部落耆老的低喃，以及逐日喧嘩熱鬧的人聲。

那一年，當曾子昂在卓溪的山巒之下，雙眼透過鏡頭，看見那個今生中最清晰的女子身影時，便注定了在這個原住民之鄉裡，將會留下一雙不屬於過客的足印。

國家圖書館出版品預行編目

跨山越海：青年壯遊故事集 / 須文蔚主編.-- 一版.
-- 臺北市：國立臺灣師範大學, 2023.03
面； 公分. -- (語言文學類)
BOD版

ISBN 978-626-7048-80-1

1.CST: 旅遊文學 2.CST: 臺灣遊記

733.69 112002541

跨山越海——青年壯遊故事集

主　　編 / 須文蔚
編　　輯 / 王亭琪、忻筱婷、吳貞育、吳詩葶、 陳日瑒、陳恒鳴、
張淑慧、賴意戎
圖文排版 / 陳彥妏
封面設計 / 王嵩賀、吳芊歆
書法題字 / 賴　原

出版單位 / 國立臺灣師範大學
地址：臺北市大安區和平東路一段一六二號
編印發行 / 秀威資訊科技股份有限公司
114台北市內湖區瑞光路76巷65號1樓
電話：+886-2-2796-3638　傳真：+886-2-2796-1377
http://www.showwe.com.tw
劃撥帳號 / 19563868　戶名：秀威資訊科技股份有限公司
讀者服務信箱：service@showwe.com.tw
展售門市 / 國家書店（松江門市）
104台北市中山區松江路209號1樓
電話：+886-2-2518-0207　傳真：+886-2-2518-0778
網路訂購 / 秀威網路書店：https://store.showwe.tw
國家網路書店：https://www.govbooks.com.tw

2023年3月　初版
定價：新臺幣450元